거북이
CEO

거북이

니토리 아키오 지음 이수형 옮김

맨손에서 매출 5조
일본 가구업계 NO.1

니토리 이야기

CEO

OCEO

거북이 속도?
'이룸'을 위한
최고의 속도!

NITORI

이력서에는 차마 적을 수 없는 이야기

2015년 4월, 〈니혼게이자이신문(日本經濟新聞)〉에 연재되는 「나의 이력서」라는 칼럼에 내 이야기가 소개되었다. 덕분에 많은 독자들에게서 '참 재미있게 읽었다'는 칭찬을 두고두고 들었다.

어떤 일을 할 때 나는 먼저 목적부터 확실히 정한다. 칼럼을 쓸 때 목적은 바로 이런 메시지를 전하는 것이었다.

'낙오자도 얼마든 성공할 수 있다. 실제로 이 세상에는 그런 성공 사례가 많다. 하려고만 하면 누구든 할 수 있으니, 모두들 자신감을 가지라.'

더 많은 독자들이 읽어주기를 바라는 마음에 기자들과 협의하며 많은 고민을 했다. 특히 매번 참신한 주제를 선정하고 내용을 흥미롭게 구성하기 위해, 한 달간 연재할 이야기를 10일치씩 세 부분으로 나누어 정리하는 작업을 거쳤다.

처음 열흘간의 지면은 '내가 얼마나 부족한 사람이었는지, 공부도 일도 얼마나 형편없었는지' 고백하는 데 할애했다. 학창 시절 나는 공부를 어지간히도 못해서 늘 부모님 속을 태우곤 했다. 학교 성적은 다섯 등급으로 나뉘었고 그중 최고 등급은 5등급이었는데 내 성적표에는 1, 2등급이 전부였다. 나는 어머니에게 거짓말하기를 '1등급이 제일 좋고 그 다음이 2등급'이라고 했다. 내 얘기를 곧이곧대로 믿은 어머니는 주변에 자랑을 하고 다녔다.

"우리 아키오가 공부 하나는 정말 잘해. 항상 1등급이고, 아니면 2등급뿐이라니까."

어머니가 뭔가 잘못 알고 있다는 걸 모두들 알았지만 차마 사실을 말해주지는 못했다. 그러다 누군가가 나서서 '사실 5등급이 제일 높고 1등급이 제일 낮은 성적'이라고 짚어주었다. 어머니는 도무지 믿을 수 없는 그 사실을 확인하고자 담임선생님을 직접 찾아갔다.

"어머님, 아키오가 거짓말을 했나 보네요. 실은 5등급이 가장 좋은 성적입니다."

선생님의 말을 듣고 어머니는 머리끝까지 화가 났다. 나쁜 성적보다도 부모를 속였다는 사실에 크게 실망한 어머니한테 나는 눈물이 쏙 빠지도록 혼이 났다.

공부를 못하는 대신 싸움이라도 잘했다면 친구들 사이에서 리더, 혹은 골목대장 노릇을 했다는 자랑거리라도 남아 있을 텐데 그것도 아니었다. 나는 열등생에다, 늘 다른 친구들에게 괴롭힘을 당하는 아이였다. 초등학교는 물론 중학교에 가서도 나는 놀림거리 신세를 벗어나지 못했다.

「나의 이력서」는 신문 연재 칼럼이었기에 차마 쓸 수 없는 내용도 많았다. 예를 들어 내가 고등학교에 입학한 건 순전히 '뒷거래' 덕분이었다는 사연이 그렇다. 당시 어머니는 암거래로 쌀을 파는 일을 했다. 내가 입학시험을 치른 고등학교에서 죄다 떨어지자 어머니는 최후의 수단을 사용했다. 마지막 시험을 친 학교 교장 선생님에게 쌀 한 가마니를 몰래 보낸 것이다. 그 덕에 간신히 고등학교에 들어갔다는 이야기를 신문지상에는 차마 공개할 수가 없었다.

가까스로 고등학교에 입학하긴 했지만 성적은 여전했다. 진급시험을 칠 때면 커닝을 해서 간신히 통과했고, 대학 역시 4년제는 전부 떨어져 어쩔 수 없이 단기대학(우리나라의 전문대학에 해당하는 2~3년제 대학-옮긴이)에 들어갔다. 게다가 그마저도 누군가가 빠져나간 자리를 대신한 추가 합격이었다. 이런 이야기들도 신문에는 실을 수가 없었다. 그만큼 어린 시절의 나는 공부든, 성격이든 뭐 하나 내세울 것이 없었다.

한 회사에서 두 번 해고를 당하다

'대학에 가면 학비와 생활비 모두 직접 벌어 쓰라'는 말을 누누이 들었던 나는 대학생이 된 후 수업에도 잘 참석하지 않고 아르바이트에만 매달렸다. 졸업 후에는 아버지 회사에 들어갔다. 주택의 기초 공사를 하는 하청업체였는데 저임금 중노동에 진절머리가 나서 바로 독립을 했다. 이어서 취직한 곳은 광고회사였다. 영업직으로 입사했지만 계약 한 건 따내지 못한 채 6개월 만에 해고되고 말았다. 다시 직장을 잡기 위해 열 군데 넘는 회사에 지원을 했다. 그렇지만 나를 받아주는 곳은 없었다. '차라리 죽는 게 낫겠다'는 생각이 들 정도였다.

나는 죽기 전에 뭐라도 해야겠다는 심정으로 처음에 취직했던 광고회사를 다시 찾아갔다.

"잡일이라도 좋으니 한 번만 더 써주세요. 그 전에는 저 여기서 절대로 못 나가요."

끈질기게 사정하고 애원한 덕에 일단 다시 채용은 되었지만 이후로도 업무 능력은 전혀 나아지지 않았고 결국 나는 6개월 만에 다시 해고를 당했다.

이제는 나도 백기를 들 수밖에 없었다. 할 수 없이 아버지 회사로 돌아가 공사 현장을 돌아다녔다. 하지만 그것도 오래가지 못했다. 갑작스러운 화재로 공사 현장이 전소되는 사고가 일어난 것이다. 마지막 일자리를 잃고서 나는 최후의 수단을 강구했다. 바로 돈을 빌려 장사를 시작하는 것이었다.

'니토리(ニトリ) 창업'은 그렇게 시작되었다. 30평(약 99제곱미터) 가게에 1층은 가구 매장, 2층은 개인적인 주거 공간의 형태로 처음 문을 열었다. 1967년, 내가 23세 되던 해의 일이었다.

장사를 시작한 건 어쨌든 먹고 살아야 한다는 절박함 때문이었다. 그중에서도 가구점을 선택한 것은 단순히 근처에 가구 매장이 없었기 때문이다. 하지만 매출은 기대만큼 오르지 않았고 적자가 이어졌다. 사실 당시만 해도 나는 대인공포증이 있었다. 손님에게 상품에 대해 설명하는 건 고사하고 눈조차 마주치기 힘들었다. 그래서 항상 시선을 바닥에 두었고 고객이 말을 걸어도 제대로 대꾸하지 않았다.

가게가 적자를 면하려면 한 달에 최소한 70만 엔(약 700만 원)의 매출을 올려야 했다. 그런데 실제 매출은 겨우 40만 엔(약 400만 원) 수준에 그쳤다. 속 편하게 창업한 것까진 좋았는데 이제 가게 문 닫는 건 시간문제나 다름없었다. 생활비까지 바닥이 난 나는 구멍 난 점퍼를 걸치고 인스턴트 라면으로 끼니를 때웠다. 건강이 급속도로 나빠져서 잇몸에서 피가 흐르고 통증에 시달려도 병원조차 갈 수 없었다.

생각의 방식이 바뀌면 인생의 방향이 바뀐다
—

그리고 30여 년이 지났다. 망하기 직전이었던 그 가구점은 놀랍게도 '100개 매장, 1,000억 엔(약 1조 원) 매출, 100억 엔(약 1,000억 원) 이익'을 자랑하는 주식회사 니토리로 변모했다. 2016년 2월기(2015년 3월~2016년 2월) 결산에서는 매출 4,581억 엔(약 4

조 5,810억 원), 경상이익 750억 엔(약 7,500억 원)을 기록하여 현재까지 니토리는 29기 연속으로 매출 및 이익 증가를 달성했다. 이는 일본의 4,000여 상장 기업 가운데 1위에 빛나는 위업이다 (니토리는 2017년 3월 28일 결산을 발표하며 '30기 연속 매출 및 이익 증가'를 보고했다. 매출은 전해 대비 12퍼센트 증가한 5,129억 엔 (약 5조 1,290억 원), 이익은 전해 대비 16.7퍼센트 증가한 875억 엔(약 8,750억 원)을 기록해 업계 안팎을 놀라게 했다).

매장 수는 일본, 대만, 중국, 미국을 합쳐 2016년 8월 기준 437개로 증가했다. 연간 방문객 수는 총 1억 3,400만 명, 그중 매장 방문이 실제 구매로 이어진 경우는 5,500만 건에 이르렀다. 2016년에는 실제 구매 고객이 6,500만 명에 달할 전망이며, 이 인원은 추후 일본 전체 인구인 1억 2,000만 명에까지 달하리라 예측하고 있다.

주식의 시가총액은 2016년 7월 6일 기준 1조 5,599억 엔(약 15조 5,990억 원)을 기록해, 이미 연 매출 8조 엔(약 80조 원)의 유통 대기업 이온(イオン)의 시가총액(1조 4,247억 엔, 약 14조 2,470억 원)을 제쳤다. 덕분에 니토리에 20년 이상 재직한 임직원들은 보유한 회사 주식으로 상당한 수익을 얻었다.

이제 와 돌아보면, 오래전의 나와 지금 사이의 그 큰 격차에 스스로도 꿈같다는 생각이 들곤 한다. 늘 따돌림 당하는 낙오자였던 내가 어떻게 이만큼의 큰 성공을 거둘 수 있었을까. 곰곰이 되짚어보니 크게 달라진 건 바로 나의 생각이었다.

우리가 책상 위에서 문제를 해결하는 힘과, 실제 사회에서 이를 활용하는 힘은 전혀 다르다. 아무리 좋은 학교를 졸업해도 막상 사회에 나오면 원점에서 다시 시작하게 된다. 니토리에는 교토대를 비롯한 소위 명문대 출신 엘리트들이 꽤 많지만 어느 대학을 나왔는지는 아무도 신경 쓰지 않는다. 마찬가지로 중졸이나 고졸 학력이라 해서 선입견을 갖는 일도 없다.

나 역시 지원한 고등학교에 모두 떨어져 쌀 한 가마니로 겨우 입학했으니, 실상 중졸 정도의 학력이라 해야 맞을 것이다. 그렇지만 그 학력으로도 나는 성공을 거두었다. 단언컨대 '공부를 못하니 성공할 수 없다'는 생각은 틀렸다. 중요한 건 '사안을 보는 시각', 그리고 '생각하는 방식'이다. 생각하는 방식을 바꾸는 것만으로도 인생의 항로를 완전히 바꿀 수 있다.

니토리를 이끈 성공의 다섯 가지 요소

'성공의 다섯 가지 요소'는 내 인생의 스승인 고(故) 아쓰미 슌이치(渥美俊一) 선생의 가르침을 내 삶에 비춰 '어떻게 해야 성공할 수 있는가.' 하는 원칙으로 풀어낸 것이다. 원래는 니토리의 신입사원들을 위해 마련한 내용이지만 더 많은 사람들에게 조금이나마 도움이 되었으면 하는 마음에 이렇게 공개하려 한다.

내가 생각하는 성공의 다섯 가지 요소란 다음과 같다.

① 큰 뜻
② 비전(중·장기 계획)
③ 의지
④ 집념
⑤ 호기심

이것만 있다면 나 같은 낙오자도 충분히 성공을 거둘 수 있다. 그중에서도 가장 중요한 것이 큰 뜻, 그 다음이 비전이다.

• 큰 뜻: '왜 이 일을 하는가'가 모든 것을 바꾼다
우선 '큰 뜻'이란 '사람을 위해, 세상을 위해, 자신의 인생을 걸고 공헌하고자 하는 마음가짐'을 뜻한다.

나는 어렸을 때나 사회에 처음 나왔을 때 제대로 하는 일이 거의 없었다. 지금 생각해보면 그건 인생의 목적 없이 그저 되는 대로 살았기 때문이다.

그런 내 생각이 근본적으로 바뀐 것은 1972년, 27세 때였다. 당시 나는 가구점 운영이 어려워져 안팎으로 힘겨운 상황에 처해 있었다. 감당하기 힘든 대출금을 껴안고 만성적인 우울증에 시달리며 차라리 세상을 등지고 싶다는 생각마저 들던 시기였다. 인생의 막다른 길에 다다른 그 순간에 나는 지푸라기라도 잡는 심정으로

어느 여행에 동참하게 되었다. 당시 가구업계 컨설팅으로 이름을 알린 한 회사가 기획한 '미국 시찰 여행'이었다. '지금 이 상황을 뒤집을 힌트가 있을지도 몰라.' 하는 막연한 생각으로 선택한 그 여행이 나를, 그리고 내 인생을 뒤바꾼 계기가 되었다.

처음 미국을 방문했을 때 나는 그 풍요로운 환경에 놀랐다. 그때까지만 해도 '일본도 예전에 비하면 훨씬 풍요로운 삶을 누리고 있다'고 생각했는데 막상 미국에 가보니 그곳에 비하면 일본은 새 발의 피 수준임을 통감할 수밖에 없었다. 10년, 아니, 적어도 50년 이상 뒤처져 있다는 생각이 들 정도였다.

미국은 일본보다 소득 수준이 훨씬 높은데도 물건 가격은 더 저렴했다. 1달러가 300엔 정도였던 당시의 높은 환율에도 불구하고 가구의 경우 일본의 3분의 1 수준이었다. 일상적으로 입는 옷이나 신발도 일본에 비해 훨씬 저렴했고 품질이나 기능은 거꾸로 더 뛰어났다.

또 한 가지 크게 놀란 점은, 가구를 포함한 인테리어가 종합적 관점에서 디자인되어 있다는 사실이었다. 당시 일본에서는 인테리어가 전체적인 조화를 이루며 아름다움을 유지하도록 하는 '토털 코디네이션(total co-ordination)'의 인식 자체가 없었다. 여유 있는 부유층들도 실내 장식을 할 때 전체적인 조화를 고려하지 않았기 때문에 디자인도 제각각, 색상도 제각각이었다.

그때까지 매출이나 이익만을 생각했던 나는 고민에 잠겼다. '미국의 삶은 어떻게 그처럼 풍요로울 수 있을까?' 하는 의문은 어느

덧 '일본인들의 삶을 미국과 같은 수준으로 만들고 싶다'는 생각으로 이어졌다. '미국도 하는데 일본이라고 못할 이유가 없지. 내 일을 통해서 그 풍요로움을 일본에도 전파하고 싶다.' 이렇게 다짐한 나는 돌아오는 비행기 안에서 결의문을 썼다. 미국에서 받은 충격과 감동이 내 인생관 자체를 바꾼 것이다. 거기서부터 내 삶의 방식이 바뀌었고 니토리의 진격이 시작되었다.

이 글을 읽는 여러분도 지금 어떤 일을 하고 있건, 그 분야에서 성공하기 위해 '큰 꿈'을 갖기 바란다. '내가 하는 이 일은 사람을, 세상을 위해 하는 것이다. 그 목표를 위해서 나는 이 일을 선택했다.' 이런 큰 뜻이 당신의 인생을 바꾸고, 당신을 성공으로 이끌 것이다.

• 비전: 거대한 목표를 사냥하기 위한 정교한 무기

성공의 두 번째 원칙 '비전'은 앞으로 20~30년이 지난 시기에 꼭 달성해야 할 장기 목표를 말한다. 비전이란 구체적이어야 하며 특정한 수치를 목표로 삼고, 그 목표를 이루기까지 걸리는 기한을 설정해야 한다. 그리고 여기서 목표가 되는 수치는 달성하기 힘들다고 느껴질 만큼 커야 한다.

비전을 통해 막연하게 느껴지던 큰 뜻이 좀 더 구체적인 형태를 띠게 된다. 또한 비전을 달성하기 위해 노력하면서 삶의 방식 자체도 달라진다.

나는 미국의 가구가 저렴하고 종합적인 코디네이션이 가능한 이유가 바로 소매점의 힘이 강하기 때문이라고 생각했다. 소매점이 전국 체인화된 미국에서는 다수의 매장을 출점할 수 있고, 제품 매입량도 압도적으로 커진다. 이에 따라 판매하는 쪽이 제품의 기능이나 가격에 관한 결정권을 쥘 수 있어 '고객 중심의 상품 기획'이 가능해진다.

그때까지 일본에서는 소매점이라 하면 소규모의 개인 상점들뿐이었다. 가구 매장도 물론 예외는 아니었다. 이들은 구매력이 없기 때문에 제조사나 중간도매상에게 가격 결정권을 빼앗겨 독자적인 상품 기획을 할 수 없었다. 당시 나는 '이 상황을 바꾸기 위해서는 어쨌든 매장 수를 늘려야 한다'고 생각했다. 그리고 이 생각은 미국에서 돌아와 30년 안에 달성할 목표, 즉 '제1기 30년 계획'이 되었다.

지금 돌아보면 처음의 계획은 규모가 너무 작은 측면이 있었다. 게다가 매장 수를 어떻게 늘려야 할지, 또 어느 정도까지 늘리면 미국과 비슷한 수준에 이를 수 있을지도 전혀 감을 잡을 수 없었다.

더 체계적인 경영학 공부가 필요하다는 판단에 나는 서른세 살이던 1978년 '페가수스클럽(ペガサスクラブ)'이라는 체인스토어 경영연구단체에 가입했다. 그리고 그곳에서 일본 체인스토어 이론의 일인자라 할 수 있는 아쓰미 선생을 만나 지도를 받게 되었다. 내게는 운명 같은 만남이었다.

그의 지도 아래서 다시 쓴 제1기 30년 계획에 따르면, 1972년 두 곳에 불과했던 매장을 2002년까지 100개로 확장하고, 같은 시기까지 매출을 1,000억 엔(약 1조 원) 달성하는 것이 목표였다. 미국에 갔을 때 니토리 매장의 연간 매출이 1억 6,000만 엔(약 16억 원)이었으니 약 600배의 성장에 달하는 셈이었다. 그렇게 나는 처음으로 '비전'이라는 이름에 걸맞은 장기적인 수치 목표를 세울 수 있었다.

30년 계획과 함께 새롭게 선언한 것이 한 가지 있었는데 바로 '홈퍼니싱(home furnishing)'을 구축하겠다는 것이었다. 홈퍼니싱이란 가구만이 아니라 커튼, 카펫 등의 홈패션 분야 제품들, 그밖에 가정용품 전체를 아울러 부엌부터 침실, 거실에 이르기까지 인테리어 전체를 종합적으로 코디네이션 하는 것을 말한다.

비전을 세웠다고 모든 일이 그 비전대로 순조로이 진행될 리는 없다. 처음에는 각오도 확고하지 못했다. 1년 365일, 인생을 걸고 비전을 달성하는 데 매진하게 된 건 35세를 지나면서부터였다.

'2002년까지 100개 매장, 1,000억 엔(약 1조 원) 매출'을 이루겠다는 첫 30년의 목표는 결국 1년 늦은 2003년에 달성할 수 있었다. 내가 59세 되던 해의 일이다.

첫 번째 장기 계획을 달성한 후 '제2기 30년 계획'을 다시 수립했다. '2032년까지 3,000개 매장, 3조 엔(약 30조 원) 매출'을 달성하는 것이다. 이어 중간 목표로, 2022년까지 '1,000개 매장, 1조 엔(약 10조 원) 매출 달성'을 내걸었다. 또한 거기에 이르는 세부 단계로서 '2017년까지 500개 매장, 5,500억 엔(약 5조 5,000억 원) 매출 달성'이라는 목표를 설정했다. 만일 추가적인 인수·합병 등을 하게 되면 6,000억 엔(약 6조 원) 매출, 900억 엔(약 9,000억 원) 이익이 가능할 것으로 전망된다.

• 의지: 할 만한 일이 아니라, 도저히 안 될 것 같은 일에 도전하라
성공의 다섯 가지 요소 중 나머지 세 가지에 해당하는 '의지'와 '집념', '호기심'은 니토리가 29기 연속으로 매출과 이익 증가를 기록할 수 있도록 이끌어준 기업 문화이자 성공의 동력이다.

먼저 의지란 '불가능할 것 같은 일에 도전하는 자세'를 말한다. 큰 뜻과 비전을 추구하는 과정에는 반드시 리스크가 동반된다. 하지만 리스크를 짊어진 채 실패의 두려움을 떨치고 도전하지 않으면 결코 비전을 실현할 수 없다. 도전이란 할 수 있는 일을 하는 게 아니라 못할 것 같은 일, 불가능해 보이는 일을 시도하는 것이다. 비전을 위해 두려워하지 않고 도전하는 자세, 그것이 바로 의지다.

30년에 걸쳐 달성하고자 하는 비전 목표는 10년 단위로 나눈다. 또 그것을 5년 단위로, 1년 단위로, 1주일 단위로 세분화해나간다. 우리는 이를 '워크 디자인(work design)'이라 부른다. 이렇게 거시적인 계획을, 노력하여 달성할 수 있는 눈앞의 미시적인 목표로 나눔으로써 '어떻게든 달성하겠다'는 의욕을 고취할 수 있다.

• 집념: 한순간도 잊지 못하는 연인처럼 목표를 좇기
집념은 '목표를 달성하기까지 결코 포기하지 않는 정신'을 뜻한

다. 목표를 달성하기까지는 수많은 실패가 따른다. 그때 원대한 비전과, 왜 그것을 달성해야 하는가 하는 큰 뜻이 없으면 한 번의 실패에도 쉽게 주저앉게 된다. 나아갈 비전이 있기에 실패해도 멈추지 않고 끊임없이 새로운 해결책을 강구할 수 있는 것이다.

나는 30년 계획을 발표한 뒤 그 비전을 사람들 앞에서 계속해서 밝히곤 한다. "이 목표를 달성하지 못하면 대표직을 관두겠다"는 말까지 덧붙인다. 회장이 된 지금도 이 생각은 변함없다.

제2기 30년 계획, 즉 '2032년까지 3,000개 매장'이라는 목표를 마음에 각인시키기 위해, 차 번호도 '시나가와(品川) 3000'으로 바꿨다. 차에 탈 때마다 3,000이라는 숫자를 보며 목표를 되뇌인다. 이 숫자를 자택 화장실 벽에도, 침실 천정에도 붙여두었다. 매일 아침 깨서 밤에 잠들 때까지 비전으로 삼은 수치를 매 순간 의식하는 것이다. 그렇게 목표를 집요하게 좇다보면 절대 포기하지 않는 집념이 생긴다.

• 호기심: 위대한 발견과 발명을 위한 첫걸음

마지막으로 호기심이란 '늘 새로운 것을 발견하려는 태도'를 말한다. 비전으로 세운 수치는 지금까지 해오던 방식으론 결코 달성할 수 없는 높은 목표다. 비전을 이루려면 지금까지와는 전혀 다른 방식, 전혀 다른 접근법이 필요하다. 그래서 가능한 모든 정보를 끌어와 새로운 아이디어를 만들어내야 한다.

위대한 '발견'이나 '발명'은 비전을 막아서는 과제나 문제를 놓고 끊임없이 고민하는 과정에서 탄생한다. 해결하지 못했던 과제를 풀 방법을 마침내 찾아내는 것이 곧 발명이요, 발견이다.

호기심과 한 쌍을 이루는 것이 '편견 없는 솔직함'이다. 새로운 것을 받아들이는 일은 옛것을 버리는 데서 출발한다. 낯설더라도 좋은 것이라면 솔직히 인정하고 내 일에 착실히 반영한다. 그에 따라 일도, 당신 자신도 점차 변해간다. 변화를 두려워해선 절대 장대한 비전을 달성할 수 없다.

변화에 대한 긍정적인 태도를 아쓰미 선생은 '유연성(flixi-bility)'이라 불렀다. 이는 환경의 변화에 효과적으로 대응하는 힘이기도 하다. 성공하고 싶다면 '변화는 곧 기회'라 여겨야 한다. 변화로부터 도망쳐서는 영원히 성공할 수 없다. 변화의 파고에 휩쓸리기보다, 자신이 변화의 주역이 되도록 노력해야 한다.

능력 있는 토끼보다 큰 뜻을 품은 거북이가 되라

학생 때는 낙제생이었고, 직장에 들어가서도 영업 실적은 맨 꼴찌였다. 열등감투성이에, 사람과 대화하는 게 두려워 '혼자 입에 풀칠하는 정도만 벌었으면 좋겠다'고 생각하던 게 바로 나다. 그런 내가 사업을 시작해 성공할 수 있었던 건 큰 뜻과 비전이 있었기 때문이다.

큰 뜻과 비전을 가진 덕에 '이대로는 어렵다, 반드시 돌파구를 찾아야 한다'는 생각으로 여러 가지 공부를 시작했다. 머리가 뛰어나지 않았지만 경영의 기초를 열정적으로 배웠고, 거북이처럼 한걸음 한걸음 회사와 함께 성장했다. 자신감에 넘친 토끼들이 결승점을 바라보지도 않고 신나게 뛸 때, 나는 한 발자국도 허투루 내딛지 않고 앞을 향해서만 나아갔다. 그리고 결국에는 다른 토끼들보다도 더 찬란한 트로피를 거머쥐었다.

만일 큰 뜻과 비전이 없었다면, 아무 생각 없이 그저 되는 대로 인생을 살았을 것이다. 어렵게 시작한 가게는 망해서 아마 지금쯤 길거리에 나앉아 방황하고 있을지도 모른다. '큰 뜻과 비전을 갖느냐 못 갖느냐'에 따라 내 인생은 완전히 변했다.

사람이란 원래 (다른) 사람을 위해, 세상을 위해 태어난 존재다. 그래서 '세상에 도움이 되자'는 뜻을 품어야 하며, 그렇게 뜻을 세움으로써 비로소 인생을 개척할 수 있다.

물론 젊을 때 그 여정을 시작할 수 있다면 가장 이상적이겠지만 50세 이상의 나이라도 결코 늦지 않았다. 아니, 충분하다. 부디 이 책을 통해 당신의 큰 뜻과 비전을 찾고, 성공을 위한 첫걸음을 내딛길 바란다.

차례

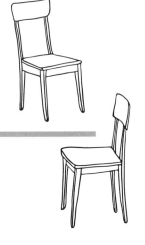

 서장

거북이 속도? '이룸'을 위한 최고의 속도!

1장

큰 뜻, 껍질 속의 거북이를 깨워 먼 바다로 이끄는 힘

2장

비전, '기한 있는 목표'로 추진력을 더한다

3장

의지, 의지는 마음이 아닌 정교한 습관이다

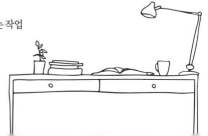

4장

집념, 리스크를 기회로 삼는 '밝은 철학'

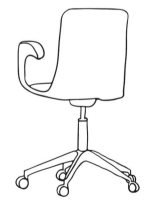

5장

호기심, 혁명의 근간을 이루는 '다른 생각, 다른 시도'

1장

큰 뜻.
껍질 속의
거북이를 깨워
먼 바다로 이끄는 힘

희망이 안 보이던 학창 시절

니토리에서는 '큰 뜻'을 무엇보다 중요하게 여긴다. 창업 후 첫 20년간 니토리의 큰 뜻은 '미국과 유럽의 풍요로운 주거 문화를 일본에 제공하는 것'이었다. 하지만 지금은 해외로도 진출했기 때문에 일본만이 아니라 '전 세계에 풍요로운 주거 문화를 제공하는 것'을 큰 뜻으로 삼고 있다. 이는 니토리라는 회사뿐 아니라 나 자신의 큰 뜻이기도 하다.

내가, 그리고 니토리가 여기까지 걸어온 길을 처음부터 찬찬히 되짚어볼까 한다.

나는 홋카이도(北海道) 출신이다. 어린 시절, 머리가 썩 좋지 못해서 선생님의 말을 바로바로 이해하지 못했고, 기억력도 나빠 교과서를 읽어도 내용을 금세 까먹기 일쑤였다.

수업 중에는 늘 딴 생각을 하고 만화를 그렸다. 때론 책상에 구명을 파며 '완전히 다 뚫릴 때까지 며칠이나 걸릴지'를 두고 친구들과 내기를 하기도 했다. 그래도 만화는 제법 잘 그리는 편이어서 친구들에게 5~10엔(약 50~100원) 정도를 받고 한 장씩 그려준 적도 있다. 옛 전국시대의 무사 같은 그림은 밑그림 없이, 수정한 번 하지 않고 단번에 그릴 수 있었다. 그래서 '만화가가 되고 싶다'는 막연한 꿈도 꾸었지만 이내 접어야 했다. 다른 사람의 그림을 비슷하게 따라 그리기는 해도 독창적인 스토리를 만들 수는 없었기 때문이다.

고등학교 입시 때 나는 시험을 치른 고등학교를 전부 떨어지고 말았다. 어쩔 수 없이 야간학교에 가야 할 상황이었다. 물론 야간학교도 시험이 있으니, 만일 거기서도 떨어지면 중졸 상태로 부모님 밑에서 일하는 길밖에 없었다. 토건업을 하는 아버지 밑에서 토목 일을 하든지, 아니면 암거래로 쌀 판매를 하는 어머니를 도와 쌀 배달을 하든지, 선택지는 둘 중 하나였다. 둘 다 꽤나 힘든 일이긴 매한가지였다.

그런데 내가 시험을 쳤던 고등학교 한 곳의 교장 선생님이 마침 어머니에게 쌀을 배달시켜 먹는 손님이라는 사실을 뒤늦게 알게 되었다. 이 묘한 우연을 놓칠세라 어머니는 그 집에 쌀 한 가마니를 몰래 보내어 입학을 간청했다. 그것이 효과가 있었던지, 나는 '결원으로 인한 추가 합격'이라는 명목으로 그 학교에 들어갈 수 있었다.

우리 집안에서 그 쌀 한 가마니 덕을 본 사람은 나뿐만이 아니었다. 나만큼이나 성적이 좋지 않았던 사촌동생도 함께 덕을 본 것이다. 그렇게 우리 둘은 한 번 떨어진 학교에 나란히 입학할 수 있었다.

고등학교 3학년이 되자 아버지는 '대학에 가지 말고 아버지 일을 이어받으라'고 권했다. 하지만 그 힘든 일을 떠안는 게 죽기보다 싫었던 나는 대학에 가서 공부하겠다고 무작정 고집을 부렸다. 내 성적이 원체 나빴던 탓에 대학은 염두에 두지 않았던 아버지는 들은 척도 하지 않았지만, 이번만큼은 어머니가 내 편을 들어줬다.

"대신에 학비나 생활비는 스스로 알아서 해라. 집에서는 하숙비 정도만 보태줄 거야."

앞뒤 잴 상황이 아니었던 나는 어머니가 내민 조건을 무조건 받아들이기로 하고서 대학 진학을 허락받을 수 있었다.

하지만 그 후로도 입시 공부는 여전히 하지 않았다. 고등학교에서 치르는 진급 시험조차 커닝으로 겨우겨우 통과할 정도였으니, 정규 대학 입시에서 모두 떨어지는 건 당연한 일이었다. 가업을 택해야 하는 순간이 코앞에 다가오자 밑져야 본전이라는 심정으로 단기대학 시험을 치렀는데 다행히 누군가가 빠져나간 자리가 생겨 추가 합격할 수 있었다.

내 꿈은 '나 혼자 먹고 사는 것'

부모님과 약속한 대로 이제부터는 학비와 생활비를 스스로 벌어야 했다. 대학에 들어간 뒤 1년에 반 이상은 토목 공사 현장에서 아르바이트를 했다. 다만 홋카이도는 눈이 많이 내리는 지역이라 겨울에는 공사장 일감이 꾸준하지 못했다. 그래서 그 시기에는 백화점이나 슈퍼마켓에서 배달을 하거나 지붕의 눈 치우는 일 등을 주로 했다.

평소 공사장에서 일할 때 나는 다른 사람들과 거의 말을 하지 않았다. 내게는 삽과 곡괭이가 더 좋은 대화 상대였다. 어떤 삽이 좋은지, 땅을 팔 때 어떤 도구가 느낌이 더 날카로운지, 또 곡괭이의 무게는 어느 정도가 적당하며, 끝은 어떤 형태가 알맞은지 등을 매일같이 연구했다. 학업은 언제나 관심 밖이었다.

서문에서 밝혔듯이 졸업 후 회사에 취직을 해보았지만 일이 잘 풀리지 않았다. 절망에 빠져 있던 나는 아버지 회사인 '니토리 콘크리트공업(似鳥コンクリ─ト工業)'이 보유한 삿포로(札幌) 시내의 30평(약 99제곱미터) 토지를 빌려 가구점 사업을 시작하기로 했다. 하다 하다 어쩔 수 없이 선택한 궁여지책이었다.

젊을 때 나는 '그저 나 혼자 먹고 살 정도면 충분하다'고 생각했다. 부모님을 비롯한 주변 사람들에게서 "너 그렇게 해서 먹고 살 수는 있겠냐?" 하는 소리를 자주 들었던 탓일지도 모른다. 가구점을 시작한 것도 오로지 먹고 사는 게 목적이었다. 누군가를 책임져야 하는 결혼 같은 건 평생 꿈도 꾸지 못할 거라 생각했다. 어떻게든 나 하나만 건사하자는 초라한 소망이 전부였다.

만약 지금도 그 생각 그대로였다면 니토리는 고작 한 개 매장, 기껏해야 삿포로 시내에 2~3개 매장을 둔 가구점으로 끝났을 것이다. 그걸로 잠시 먹고 살 수야 있었겠지만, 현재의 니토리 같은 대형 가구 체인점이 근처에 들어서기라도 했다면 금세 망하지 않았을까. 실제로 그 후 홋카이도에서 개인이 운영하는 가구점들이 잇달아 폐업했다. '혼자 먹고 살 정도면 충분하다'고 작은 만족에 안주하다보면, 대형업체에 의해 어느새 소리 없이 문을 닫게 될지 모른다.

망하기 직전의 가게를 뒤로하고 떠난 여행

실패투성이의 내 인생이 조금씩 나아지기 시작한 건 아내와 결혼하고부터였다. 1967년 현재의 니토리로 이어진 최초의 가구점을 시작했을 때 나는 스물세 살이었다. 당시 나는 다른 사람과 대화하는 것 자체를 힘들어해서 접객 자체를 거의 하지 못했다. 가구점은 당연히 적자에 시달렸고 그대로라면 얼마 지나지 않아 도산할 것이 뻔했다. 그렇다고 직원을 고용할 여유도 없었다. 주변에서는 '그럴 바에는 차라리 결혼을 해서 아내에게 손님 접대를 맡기라'고 조언했다. 그 말대로 나는 결혼을 돌파구로 찾은 뒤 맞선을 보기 시작했다. 그렇게 여덟 번 연속된 맞선 끝에 만난 이가 지금의 아내였다. 1968년 결혼할 당시 나는 스물넷, 아내는 겨우 스무 살이었다.

다행히도 아내는 사람을 상대하는 능력이 뛰어났다. 인상도 서글서글했고 가게를 찾은 손님들과 거리낌 없이 편안하게 대화를 나누었다. 내가 손님맞이를 할 때면 금세 자리를 떠나던 사람들도 아내가 나서면 곧 단골 고객이 되었다.

아내 덕분에 그 전까지 40만 엔(약 400만 원) 수준이던 매출은 두 배 이상 증가했고, 적자에 허덕이던 가게가 순식간에 흑자로 돌아섰다. 덕택에 나도 겨우 한숨을 돌릴 수 있었다. 이제 손님은 아내에게 맡기고 나는 제품 매입이나 배달에 전념하기로 했다. 이게 효과가 있었는지 1971년에는 2호점을 출점했고 이듬해인 1972년에는 자본금 300만 엔(약 3,000만 원)으로 주식회사까지 설립했다. 이 무렵 매장 두 곳에서 올리는 연 매출은 1억~2억 엔 (약 10억~20억 원) 정도였다.

하지만 기쁨도 잠시, 2호점이 생긴 지 얼마 지나지 않아 근처에 1,200평(약 3,967제곱미터) 상당의 대형 가구 매장이 들어서면서 매출이 급감하기 시작했다. 적자가 이어졌고 은행에서 신규 융자도 중단되어 가게는 도산 위기에 처했다. 나는 우울증에 빠져 매일같이 극단적인 생각에 시달렸다. '큰 나무에 목을 맬까, 청산가리를 먹을까, 아니면 빌딩 옥상에서 떨어질까.' 머릿속은 오로지 죽을 생각으로 가득했다. 똑같은 자살이라도 아프게 죽는 건 싫어서 '어떻게 하면 큰 고통 없이 죽을까'만을 놓고 고민했다.

그런데 그즈음 '가구실내연구소'라는 컨설팅 회사가 초청장을 하나 보내왔다. '미 서부 지역 시찰 세미나가 열리니 참가를 바란다'는 내용이었다.

'그래, 이 세미나가 어떤 계기가 될지도 몰라. 지금 상황을 해결할 힌트를 얻을 수도 있잖아.'

막다른 길에 내몰린 나는 뭐라도 해봐야겠다는 심정으로 덜컥 참가 신청을 했다. 참가비는 40만 엔(약 400만 원)으로 상당히 비싼 편이었는데, 있는 돈 없는 돈을 죄다 긁어모아 지불했다.

이 시찰 여행에는 나 외에도 다른 가구업계 관계자들이 40명 정도 참가했다. 소매업체가 절반 정도였고 나머지 절반은 제조사나 도매업체였는데 연 매출이 수십 억 엔에 이르는 곳도 적지 않았다. 아직 20대였던 나는 참가자 중에서 제일 어렸고 운영하는 회사 규모도 가장 작았다. 그래서 일행들에게 완전히 막내 취급을 받으며 관계자들의 잔심부름까지 도맡아 했다.

당시는 일본과 미국 사이에 정기 항공편이 개설되지 않은 때였고 직항 노선도 없었다. 비행기가 도쿄에서 출발할 경우 하와이에 기착해 급유를 했다. 우리도 마찬가지였는데 잠시 들른 하와이에서는 여유를 부릴 수 있었지만 목적지인 LA와 샌프란시스코에서부터는 일정이 바쁘게 돌아가기 시작했다.

가구 매장을 견학하다가 내가 미아 신세가 되는 일까지 있었다. 일행과 함께 시어스(Sears) 매장을 둘러보던 중이었다. 점장이 와서 이것저것 설명해주는 사이 의자에 앉아 듣고 있던 나는 깜빡 잠이 들고 말았다. 잠이 깼을 때는 주변에 아무도 없었다. 모두 다음 견학 장소로 이동하고 나 혼자 남겨진 것이다.

그때만큼 불안하고 겁이 났던 적이 없었다. 영어도 못하고 수중에 돈도 없는 데다가 숙박지인 호텔조차 몰랐다. 3시간 동안 일행을 찾았지만 아무도 발견하지 못했다. '이제 노숙을 해야 하나……', '이대로 낯선 땅에서 미아가 되는 걸까……', 걱정에 걱정이 꼬리를 물었다.

다행히 내가 없어진 것을 깨달은 일행들이 몇 명씩 조를 짜서 나를 찾아 나선 끝에 간신히 재회할 수 있었다. 정말 죽다 살았다는 기분이 무엇인지 실감하는 순간이었다. 몇 십 년이 지난 지금까지도 나는 이 일로 종종 놀림을 받곤 한다.

훔치고 싶은 풍요로움

———

이 여행에서 나는 인생관 자체가 뒤바뀌는 충격을 받았다. 무엇보다 미국은 물건 가격이 믿을 수 없을 만큼 저렴했다. 가구의 가격은 일본의 3분의 1 수준에 불과했다.

일본에서 가구는 비싼 물건이기에 사람들은 오래 쓸 각오를 하고 구매한다. 하지만 미국에서는 저렴한 가격 덕분에 한결 가벼운 마음으로 손쉽게 가구를 고를 수 있었다.

가구의 품목이나, 색상, 사이즈 등도 일본에 비해 훨씬 다양했다. 쇼룸에 제품을 전시하는 모습도 색달랐다. 미국의 경우 가구만이 아니라 커튼을 비롯한 다양한 인테리어 소품들까지 조합하여 '토털 코디네이션'을 선보였다. 또한 직접조명을 주로 사용하는 일본과 달리 미국의 가정에서는 간접조명을 적극 활용해 밝은 곳과 덜 밝은 곳에 차이를 줬다. 호텔을 보면 알 수 있듯이 이런 조화로운 인테리어가 그 공간에 머무는 사람들의 마음을 안정시켜준다.

가구의 품질이나 기능에도 차이가 있었다. 일본의 경우 제작자나 업체의 견해 위주로 가구를 만드는 반면, 미국에서는 구매자의 니즈에 입각하여 제품을 설계하고 고객 위주의 마케팅 요소를 최대한 반영한다. 여기에서 근본적인 차이가 발생했다.

예를 들어 일본에서는 가구의 용도를 명확하게 규정하지 않고 두루두루 적당히 쓸 수 있게끔 만들었다. 하지만 미국에서는 TPOS, 즉 시간(time), 장소(place), 상황(occasion), 라이프스타일(style)에 기반해 어떤 때, 어떤 장소, 어떤 상황에서, 어떤 라이프스타일을 가진 사람이 사용할지를 구체적으로 상정해 기능을 설계하는 게 상식이었다. 이에 따라 사용자들의 편이성이 높아지고 가격은 한층 저렴해질 수 있었다.

일본의 가구 제조업체들은 아직까지도 이런 성향에서 완전히 벗어나지 못했다. 그래서 미국이나 유럽 시장에 진출해도 성공을 거두지 못하는 것이다. 압도적인 가격 경쟁력, 고객 맞춤형 기능,

거기에 토털 코디네이션이 가능한 미적 요소. 미국 가구들의 이런 장점은 가구 소매점이 대형화 및 체인화되었기 때문에 비로소 실현할 수 있는 것들이었다.

당시 일본의 가구 소매업계에서는 '매장은 최대 다섯 개까지'라는 철칙이 통용되었다. 그 이상이 되면 경영자의 시야에서 벗어나 제대로 관리할 수가 없다고 여겼다. 그래서 나도 그때는 '매장을 다섯 개까지는 열고 싶다'고 막연히 생각하곤 했다.

하지만 미국에 와보니 가구 소매점들은 모두 체인화되어 있었고 다섯 개라는 일본의 기준이 무색하게 100개, 200개의 매장이 미 전역에 포진된 경우가 허다했다. 이로써 업체가 제품을 대량 구입하는 것이 가능해지고, 이는 비용 절감으로 이어져 품질이 좋은 제품을 더 저렴하게 제공할 수 있는 바탕이 되었다. 이렇게 소매점이 유통뿐 아니라 상품 기획의 주도권까지 쥠으로써 비로소 토털 코디네이션이 가능해졌다. 커튼부터 애완동물 용품까지, 가구 외에도 다양한 분야의 제조사를 참여시킬 수 있기 때문이다.

하지만 그 광경을 보면서도 도대체 어떻게 그런 거대한 체인점을 만들 수 있을지, 또 이를 위해 무엇을 해야 하는지 도무지 알 수가 없었다.

미국 가구점의 쇼룸에서 또 한 가지 놀란 점이 있었는데 일본에서는 흔한 '상자형 가구', 그러니까 장식장 등의 수납가구를 거의 볼 수 없었다는 사실이다. 미국에서는 일반적으로 옷은 벽장에, 식기 등은 벽에 달린 수납장에 보관한다. 그러니 방 안에는 수납 가구가 거의 필요 없어진다.

　'물건이 많은 것이 곧 풍요로움의 상징'이라는 사고방식은 어디까지나 물자가 귀하던 시절의 이야기다. 실제로 실내를 들여다보면 가구가 적은 편이 한결 깔끔한 느낌을 준다. 가구가 많을수록 복잡하고 어지러워 보일 뿐이다. 물건이 적어 다소 휑한 방. 벽에 그림 한 점, 거울 하나가 걸려 있는 인테리어가 이제는 도리어 센스 있고 여유로워 보인다는 평을 얻는다. 그때 나는 비로소 가구가 적은 집이 더 아름다울 수 있다는 생각이 들었다.

　한편 의자나 소파, 침대 등 흔히 말하는 '다리 달린 가구'는 미국에서도 흔히 볼 수 있었다. 나는 '일본도 20~30년 뒤에는 반드시 이런 모습이 될 것'이라고 생각했다.

　나라와 문화를 막론하고 아름다움에 대한 사람들의 기본적인 감성은 같다. 의자와 소파, 침대 등은 앞으로도 없어지지 않을 것이다. 인류 역사를 되돌아보면 몇 천 년 전인 고대 이집트와 중국에서도 침대와 의자, 소파를 사용했다. 나는 어느 나라든 소득과 생활수준이 높아져서 시장이 한층 진화하면 미국과 유사한 생활상을 보이게 될 것이라 예상했다.

'팔자대로 살자'에서 '뜻을 위해 살자'로

당시 나와 함께 여행에 참가했던 다른 이들도 미국 소매체인의 규모에 새삼 놀란 것은 마찬가지였다. 하지만 그들은 '미국과 일본은 문화 자체가 전혀 다르다'거나 '미국 스타일을 그대로 따라 해봐야 일본에서는 잘 안 팔릴 것'이라는 의견을 내놓았다.

다다미방에서 생활하는 일본인과 달리 미국이나 유럽인들은 실내에서도 맨발로 다니지 않을뿐더러 체형 자체도 다르다. 그러니 다른 문화권의 가구를 흉내 내봤자 소용없다는 이야기였다. 그런 생각이 밑바탕에 깔려 있다 보니 미국의 거대한 체인점을 봐도 그 시스템의 도입 여부나, 그만큼 규모를 키울 방법 등을 고민하지 않았다.

그러나 나는 미국의 주거 문화를 접하고 사고방식이 180도 달라질 만큼 큰 충격을 받았다. 동행한 이들이 '이 테이블 정말 예쁘네', '스타일이 세련됐는데'라고 느낄 때 나는 '일본의 가구 문화는 앞으로 크게 달라질 거야. 미국의 스타일을 더 적극적으로 수용하고 벤치마킹해야겠어'라고 생각했다.

새로운 방식 가운데 어떤 것을 받아들이고 어떤 것을 받아들이지 않을지는 막상 시도해보지 않으면 알 수 없다. 그러므로 일부가 아닌, 전부를 일단 수용하는 것이 좋다. 100퍼센트 그대로 흉내 내도 괜찮다. 해보고 맞지 않는 게 있으면 그 부분만 선별적으로 제외하면 된다. 실제로 미국과 전혀 달랐던 일본의 가구업계도 이런저런 과정을 거치며 현재는 미국과 상당히 유사해졌다.

미국에 가기 전, 나는 스스로 '이 정도밖에 안 되는 사람'이라며 내 인생을 지레 포기했다. '열심히 해봤자 사람은 결국 팔자대로 될 뿐'이라고 생각했던 것이다. 말하자면 숙명주의자였다.

그런데 여행을 마친 뒤로 '미국과 같은 풍요로움을 일본에도 확산시키고 싶다'는 꿈, 즉 큰 뜻이 내 안에서 싹텄다. 그리고 앞으로는 그 꿈을 실현하기 위해 살아갈 것이라고 다짐했다. 숙명주의자가 이상주의자로 바뀌는 순간이었다.

큰 뜻을 갖게 되면서 그 외에 다양한 것들이 연쇄적으로 바뀌어 갔다. 예를 들어 그 전에도 나름대로 일하는 보람을 느끼긴 했지만, 주로 아내에게 접객을 맡기고 나는 제품 매입과 배달 일을 할 때 정도였다. 하지만 미국에 다녀온 뒤로는 '일하는 보람'에 '사는 보람'이 더해졌다.

그때까지 내가 일하는 목적은 '나 자신이 즐겁기 위해서'였다. 일을 하면서도 내가 즐거운 게 우선이었다. 저녁이 되면 '빨리 마치고 나도 내 시간 좀 가져야지.' 하는 마음으로 가득 차서, 폐점 시간에 임박해 방문한 손님을 돌려보내기도 했다. 하지만 일하는 목적이 '사람들의 삶을 풍요롭게 하는 것'이 된 뒤로는 모든 게 바뀌었다. 나 하나만 득을 보고자 노력하던 데서 내 일이 더 많은 사람들의 행복으로 이어지도록 노력하기 시작하자, 일하는 방식과 의욕의 수준이 완전히 달라진 것이다.

그때까지 한두 개 매장을 운영하던 방식에도 변화가 일어났다. 나는 늘 하던 대로 해서는 미국의 대형 체인점들을 도저히 따라갈 수 없다는 사실을 깨달았다. 그래서 해당 분야의 전문가를 찾아 강의를 듣고 경영서를 읽으며 공부도 했다. '경영과 유통의 정석을 알자'라는 마음가짐으로 열심히 매달렸다.

'눈앞의 문제부터 해결하자'는 단기결전(短期決戰)식 경영은 어느새 30년 후의 목표까지 세우고, 이를 달성하기 위해 노력하는 장기계획(長期計畫)형 경영으로 바뀌었다. 업무를 진행하는 방식 또한 한층 계획적인 형태로 바뀌었다. '가장 먼저 방향이 올바른지를 확인하고, 이어 어떤 방법을 사용할지를 결정한다. 그리고 순서에 따라 각 단계에 필요한 일들을 착실히 이행해나간다.'

큰 뜻을 통해 내 인생의 모든 부분이 달라진 것이다.

히트 상품을 개발하려면 다중인격이 되어라

큰 뜻을 마음속에 각인시키기 위해서는 일단 상상해보는 게 중요하다. 그 큰 뜻이 실현되었을 때 어떤 일들이 벌어질까, 과연 어떤 기분일까, 온전히 그 상상만으로 가슴이 뛰는 체험을 해보는 것이다. 내 경우에는 기뻐하는 고객들의 얼굴을 자주 떠올리곤 한다.

풍요로운 주거 환경을 사람들에게 제공하고 싶다는 큰 뜻을 갖기 전까지 나는 매출이 얼마이고 전년 대비 어느 정도 수준인지를 매일, 매주, 매달 확인했다. 솔직히 그게 전부였다.

하지만 그런 습관은 큰 뜻을 갖게 된 뒤로는 점차 사라졌다. 항상 내 중심이던 시선이 고객들에게로 옮겨졌기 때문이다. 고객들은 어떤 것에 만족하고 어떤 점을 불편하게 여기는지 구매자 및 사용자의 입장에서 생각하게 된 것이다. 솔직히 그 전까지는 그런 생각을 해본 적이 거의 없었다.

고객들의 삶을 풍요롭게 하기 위해서는 무엇보다 매장 수를 늘리는 게 중요하다고 나는 생각했다. 어디에 사는 고객이라도 니토리 매장을 손쉽고 간편하게 찾을 수 있어야 하기 때문이다. 매장 수와 방문 고객 수를 늘리자. 이것부터가 제대로 안 되면 매출도, 이익도 증가할 수가 없었다.

지금 내 마음속에는 니토리 아키오라는 자아 대신 고객들의 시선이 자리하고 있다. 그때그때 아이가 되었다가, 여성이 되었다가, 때로는 노인이 되어 철저히 고객의 눈으로 각 장소에 필요한 것은 없는지, 문제는 없는지를 살피고 또 살핀다.

니토리에서는 매년 두 차례 중국 광저우에서 열리는 대규모 전시회인 광저우교역회(Canton Trade Fair)에 참석한다. 그곳에서 각 상품부의 직원들은 니토리의 새로운 모델이 될 제품을 찾는다. 그런데 유력한 상품을 제일 먼저 발견하는 건 늘 나다. 직원들이 다 돌아보고 난 뒤에 괜찮은 물건이 내 눈에 들어오는 경우도 꽤 있다.

그러면 내가 좋다고 느낀 제품을 다른 직원들은 왜 발견하지 못했을까? 그건 아무리 많은 상품이 있어도 대부분의 직원들은 자기 부서에 관계된 것만을 보기 때문이다. 자기 입장에서만 주변을 바라보는 것은 큰 뜻이 부족하다는 증거다. '사람들을 풍요롭게 하고 싶다'는 큰 뜻이 없으면 고객의 눈으로 주변을 볼 수가 없고,

상품의 제 가치를 알 수도 없다.

상품을 개발하는 과정도 마찬가지다. 내가 직접 진두지휘한 끝에 히트 상품이 탄생하는 일이 종종 있는데, 그 역시 '고객의 눈을 가질 수 있느냐 없느냐'의 차이에서 빚어지는 결과다.

개발 담당자들은 매일 아침 회의 때마다 '고객 시점에서 상품을 기획하자'고 제창한다. 하지만 어느샌가 공염불이 되어 자기 입장, 자기 생각만으로 제품을 보고 행동하게 되기 일쑤다. 자신을 없앤다는 건 말로 하기는 쉽지만, 실천하기는 가장 어려운 일이다.

내 경우에는 따로 시간을 잡고 리서치를 하는 게 아니라 일상 속에서 늘 고객의 시선으로 주위를 살핀다. 식사를 하러 가거나 술자리를 가질 때도 마찬가지다. 가게에 들어가면 조명의 밝기나 위치, 인테리어 색상과 소재, 코디네이션 등을 관찰하고 점원이 오면 그 사람의 패션은 어떤지, 가게 분위기와 어울리는지 등을 살펴본다.

점원이 손님을 대하는 모습도 놓치지 않는다. 상대의 성별이나 연령대를 고려하여 적절한 대응을 하는지, 어떤 주제의 대화로 분위기를 유도하고 손님의 이야기에 어떻게 반응하는지 등을 두루 관찰한다.

내가 이렇게 할 수 있는 건 아마도 쓸데없는 자존심이 없기 때문일 것이다. 워낙에 부족하고 열등감도 많았던 나기에 자신을 비우는 데 큰 거부감이나 부담이 없다. 그래서 머리로 계산을 하기보다 그저 있는 그대로를 보는 게 가능한 것인지도 모르겠다.

사실 고객이 무엇을 원하는지, 불평과 불만이 무엇인지는 판매 현장이나 경쟁사만 봐도 어느 정도는 파악할 수 있다. 거기서 힌트를 얻어 상품이나 서비스를 개발할 수도 있지만 그런 경우 단발로 그치기 쉽다. 큰 뜻이 없으면 일도, 생각도 금세 타성에 젖기 때문이다.

고객은 회사라는 강의 근원

'선의후리(先義後利)'라는 말이 있다. 즉, 도의를 가장 먼저 생각하고 이해손득은 나중에 살핀다는 뜻이다. 그런데 최근 업계에서는 이 한자성어를 살짝 비틀어 선객후리(先客後利)라는 말을 쓰곤 한다. '무엇보다 고객이 우선이며, 이익은 나중에 따라오는 것'이라는 이야기다.

비슷한 한자성어로 '선우후락(先憂後樂)'이라는 말도 있다. 백성들을 즐겁게 한 뒤 자신도 즐거워한다는 뜻으로, 이를 비즈니스의 세계에 적용한다면 고객 만족을 가장 먼저 생각하라는 의미로 풀어낼 수 있다.

재계에서는 주주나 임직원 같은 이해관계자들을 두루 배려해야 한다는 목소리도 많다. 하지만 내 생각은 조금 다르다.

일단 고객이 만족하면 관계된 모든 이들에게 이익이 돌아간다. 제대로 된 경영자라면 증가한 이익을 잘 배분할 것이다. 그 결과

급여나 복리후생 등 임직원들의 처우가 좋아지고 주주들에게 지급하는 배당금도 높아진다. 이 같은 구조는 강의 흐름과도 유사하다. 경영자는 강의 원류인 고객만을 생각하면 된다. 지켜야 할 건 하나로 충분하다. 부수적인 지류들은 원류가 흘러넘치면 저절로 풍성해진다.

예전에 내가 매출이나 이익만을 생각하던 때는 오히려 이익이 제대로 나지 않았다. 그래서 직원들은 박봉과 과도한 업무로 힘들어했다. 하지만 '고객 제일'이라는 방침으로 경영을 한 뒤로 이익도 주가도 상승하기 시작했다. 임직원들의 처우 역시 크게 개선된 것은 물론이다.

현재 니토리의 임직원 처우는 유통업계 가운데서도 최고 수준으로 꼽힌다. 13년 연속으로 급여 수준을 높여가고 있으며, 니토리 임직원의 생애수익(각 임직원이 한 회사에 재직하는 동안 거둬들일 수 있는 총 수익-옮긴이)은 현재 약 2억 7,000만 엔(약 27억 원)에 달한다. 홋카이도와 토호쿠(東北) 지역에 본사를 둔 기업 중에서는 단연 1위다.

고객을 얼마나 소중히 여기느냐에 따라 회사의 수익이나 직원들의 임금은 자연히 상승하게 된다. 앞서 말한 '선우후락'에는 '먼저 고생하고 나중에 즐기자'는 또 다른 뜻도 있다. 나는 '지금 듣는 불평은 나중에 듣게 될 감사의 말로 다 만회할 수 있다'고 생각한다.

니토리에서는 보너스와 별도로, 좋은 성과를 올린 직원에게 일종의 성과급인 '결산수당'을 매년 지급한다. 단, 이 결산수당은 현금이 아니라 니토리 주식으로 건넨다. 2015년도의 경우 입사 2년차 직원들부터 2개월 치 기본급에 해당하는 주식을 제공했다.

물론 어떤 직원들은 바로바로 사용하기 쉬운 현금으로 결산수당을 줬으면 좋겠다고 볼멘소리를 하기도 한다. 그러면 나는 "현금으로 받고 싶으면 주식의 절반 수준으로 깎아야 한다"고 답한다. 현금을 원하는 직원은 내가 왜 주식의 형태로 성과급을 주는지 그 의도를 잘 모르는 것이다.

잘 생각해보자. 2015년에 주당 7,900엔(약 7만 9,000원)으로 책정된 결산수당의 가치가 지금은 1만 3,000엔(약 13만 원) 이상으로 뛰었다. 60퍼센트 이상 오른 것이다. 당시 50만 엔(약 500만 원)어치 수당을 받은 사람이라면 지금은 80만 엔(약 800만 원) 이상을 손에 쥐게 된다. '언제 이렇게 뛰었지?' 하며 반색할 법도 하다.

니토리가 거두는 이익이 두 배가 되면 주가도 두 배, 경우에 따라서는 그 이상으로 오른다. 결산수당을 주식으로 주는 이유는 니토리(회사)가 성과를 올리면 누구보다 직원들 자신이 이익을 보게 된다는 점을 강조하고 싶었기 때문이다. 임직원 한 사람 한 사람이 최선을 다하면 회사만이 아니라 고객과 거래처, 주주, 더불어 임직원 모두 행복해진다는 진리를 말하고 싶었다. 그 관계를 그림으로 표현하자면 니토리와 고객, 거래처, 임직원, 주주가 하나의 선으로 연결된 오각형 형태가 될 것이다. 여기서 니토리는 맨 아래에 위치해 다른 구성요소를 지탱하는 역할을 한다.

실제로 니토리에 초창기부터 재직한 임직원 중에는 낮았던 주식 가격이 점점 올라 상당히 큰돈을 벌게 된 사람들이 많다. 모든 건 고객의 기쁨을 먼저 생각하며, 끝없이 큰 뜻을 추구한 결과이다.

고객을 영원히 기쁘게 하는 한 가지

고객은 항상 진보한다. 늘 신선한 것, 지금까지 없었던 것을 원한다. 뭔가를 판매하려는 사람은 기껏해야 수십 년밖에 안 되는 자신의 경험에만 의지해 고객들이 만족할 것인지, 제품이 잘 팔릴지를 판단해서는 안 된다. 그래서 늘 고객의 입장이 되어 생각해보는 노력이 필요하다.

단, 세월이 아무리 흘러도 절대 변하지 않는 한 가지 진리가 있다면 바로 고객은 저렴한 가격을 가장 기뻐한다는 것이다.

사람들의 생활을 풍요롭게 하고 싶다면 방법은 두 가지다. 하나는 사람들의 수입을 늘리는 것, 또 하나는 제품이나 서비스의 가격을 낮추는 것이다. 이 중 내가 고민한 건 후자였다.

월급이 같더라도 물건 값이 절반으로 떨어지면 수입이 두 배로 늘어난 것과 같은 효과가 있다. 백화점에서 판매하는 고가의 제품도 가격을 10분의 1로 낮추면 어느새 범용품이 된다.

다이아몬드가 좋은 예다. 이전에 다이아몬드는 보통 사람들이 접근하기 힘들 만큼 고가 제품이었지만 지금은 귀금속의 한 종류

이자 마음먹으면 구할 수 있는 액세서리로 일반화되었다. 모피나 양모도 마찬가지다. 양모 이불의 경우 예전에는 100만~200만 원을 족히 넘었지만, 지금은 10만 원 안팎이면 충분히 살 수 있다.

가구는 비교적 고가라 바꾸는 데 보통 10년은 걸리지만, 베개나 이불 같은 침구류는 한층 저렴하기 때문에 2~3년에 한 번씩 새로 사는 경우가 많다. 커튼이나 카펫 같은 패브릭 제품들도 이전에는 비싸서 한번 구입하려면 큰맘을 먹어야 했지만 지금은 10만 원 미만의 가격으로 부담 없이 교체할 수 있다.

일상적으로 입는 옷처럼 계절이나 기분에 따라 언제든 내 주변을 새롭게 바꿀 수 있는 여유. 그것이 바로 내가 생각하는 '주거의 풍요로움'이다.

고급 매장에서 파는 상품의 가격을 최대한 낮추어, 예컨대 2분의 1 수준으로 설정한다고 해보자. 이 가격에 판매하기 위해서는 예상 판매량을 가늠해 사양을 정한 뒤 대량 발주해야 한다. 더불어 매장과 고객 수를 충분히 확보하고 구매력을 키운 가운데 독자적으로 상품을 기획 및 개발해야 한다. 매장 수를 경영 목표로서 수치화하는 것의 진정한 의의는 바로 여기에 있다.

집도 패션모델이 될 수 있다

예전에 일본에서 파는 커튼은 대부분 무늬가 있는 제품이었다. 아무런 무늬가 없는, 소위 무지(無地) 커튼은 거의 없었다.

하지만 무늬가 있는 제품들만 사용할 경우 각각의 무늬가 서로 부딪혀 조화를 이루기가 힘들다. 코디네이션을 위해서는 기본적으로 무지가 들어가야 한다. 이를 바탕으로 보색 효과나 색상 간의 조화를 잘 이용하면 눈에 띄는 코디네이션을 할 수 있다. 예를 들어 차가운 느낌의 파란색과 따뜻한 느낌의 분홍색을 조합할 수도 있고, 녹색과 파란색 같은 시원한 색끼리 배치하는 경우도 있다.

물론 함께 두었을 때 서로 충돌해서 조화로운 코디네이션이 힘든 색상들도 있다. 일례로 노랑 계열 무늬와 파랑 계열 무늬를 조합하면 좀처럼 아름답다는 느낌이 들지 않는다. 보기에 예쁘지 않으니 당연히 잘 팔리지도 않는다. 그런 경우 그 상품이 잘 안 팔리는 이유가 뭔지 정확히 아는 사람은 많지 않다.

대부분의 가정을 들여다보면 수십 가지 색상의 가구와 소품들이 뒤섞여 어지러워 보이는 경우가 많은데, 가능하다면 세 가지 정도의 색상을 중심으로 적절하게 조합하는 것이 좋다. 매장도 마찬가지다. 특정 색상이나 무늬를 기반으로 조화를 이루어야 아름다워 보인다.

색채나 코디네이션에 대해 처음에는 나도 완전히 초보자였다. 색채학을 공부하기 시작한 건 30대에 들어선 이후였다. 일본 최초의 인테리어 전문학교 '마치다히로코(町田ひろ子) 아카데미'에서 공부를 시작했는데, 이 학교를 세운 마치다 히로코는 인테리어 코디네이션 분야의 개척자나 다름없는 인물이었다. 미국에서

꽤 오래 생활한 경험을 바탕으로 나처럼 일본은 이 분야에서 한참 뒤처져 있다는 문제의식을 갖게 되었다. 그래서 일본 전역에 걸쳐 여러 곳에 전문학교를 개설했는데 내가 다닌 건 그중에서도 삿포로 분교였다.

이 학교에서 2년간 강의를 들은 것 외에도 다른 여러 강사들을 찾아 인테리어 코디네이션 분야에 대한 전반적인 기초 지식을 쌓았다.

일본에 무늬 모양 커튼밖에 없던 시절, 미국에서는 대부분의 매장이나 일반 가정에서 무지 커튼을 사용했다. 봄·여름용은 기본 색을 파랑으로 두면 시원한 이미지 연출이 가능하다. 이렇게 푸른 계열을 전체의 60퍼센트로 배치하고 30퍼센트는 따뜻한 색을, 나머지 10퍼센트 정도는 포인트 컬러를 사용하는 것이 기본적인 구성이다.

이런 원칙은 각 가정에도 그대로 적용할 수 있다. 우선 집 안 전체의 색상 비율을 어떻게 할지 결정한 뒤 무지와 무늬의 비율을 정한다. 무늬는 꽃이나 나무 모양부터 직선, 곡선 같은 기하학적 형태까지 다양하다. 물론 크기도 대·중·소로 여러 가지이며, 각 요소를 취합하는 방식도 모던이나 컨템포러리, 클래식 등 다양한 스타일로 나눌 수 있다.

현재 니토리는 1년에 두 차례씩 상품 카탈로그를 발행하여 다양한 코디네이션 사례를 제안하고 있다. 니토리의 경우 자사 개발 형식으로 상품들을 생산하고 있기에 자유로운 코디네이션이 가능하다. 예를 들어 러그 하나도 쿠션과 디자인을 맞추어 선택할 수 있다. 소재가 달라도, 혹은 가구와 커튼, 카펫처럼 상품의 품목이 달라도 색이나 무늬가 통일되어 있기 때문이다. 이는 니토리가 모든 부문의 상품을 자체적으로 기획하기에 가능한 일이다. 인테리어에 사용할 색상의 수를 몇 가지로 줄이면 계절이 바뀔 때마다 무늬나 분위기를 적절하게 조합하여 연출하기가 쉽다.

카탈로그에 실린 이 실내 코디네이션 사례들은 기획 단계부터 철저한 계산에 따라 일일이 조합하고 다듬은 결과물이다. 우선 어떤 연령층에게 소구할지를 정하고 기본이 되는 스타일을 결정한다. 이후 배색을 완성하고 디자인 작업을 한다. 그 과정에서 모든 색과 무늬가 일정한 관계성을 갖게 되는 것이다.

니토리 매장 내에는 큰 유행을 타지 않는 기본 상품들이 절반 정도를 차지한다. 계절이 바뀔 때마다 상품 전체를 바꿀 수는 없기 때문에 6개월마다 절반씩 교체하고 있다. 나머지 절반은 1년 내내 매장에 두고 판매하며, 새로운 상품을 전시할 때는 기존의 상품들을 먼저 처리한다. 전시장이나 매장에서 철수 예정인 제품들은 다 팔릴 때까지 가격을 인하해 재고를 남기지 않도록 한다.

물론 나 자신도 계절을 의식해 복장에 신경을 쓰곤 한다. 봄이나 여름에는 시원한 색감과 소재를, 가을과 겨울에는 따뜻한 색감과 소재를 활용해 계절감을 드러낸다.

오래전 나는 미국 여행에서 큰 충격을 받고 돌아왔다. 그리고 지금과 같은 상품 구성을 할 수 있게 되기까지 30년이라는 시간이 걸렸다. 지금은 일본도 미국에 점점 더 가까워지고 있음을 확실히 느낀다.

큰 뜻은 그저 바라는 것이 아니라 몰입하는 것

큰 뜻이란 개인의 이해손득을 훨씬 뛰어넘는 곳에 자리한 바람이다. '사람을 위해, 세상을 위해'가 아니라면 그건 큰 뜻이 아니다. 또 실제로 '사람을 위해, 세상을 위해'서가 아니라면 인생관이 바뀌지 않고, 인생관이 바뀌지 않으면 인생도 바뀌지 않는 법이다.

인생은 단순히 바라는 이상만으로 움직이지 않는다. 간절한 바람이 먼저 자리하면, 그 방향을 따라 모든 것이 움직이기 시작한다. 만일 인생이 생각대로 되지 않는다면 그건 당신의 바람 자체가 약하기 때문이다. 즉, 큰 뜻과 비전이 부족하기 때문이다.

큰 뜻과 비전을 달성하려면 '무슨 일이 있어도 반드시 해내겠다'라는 굳은 각오가 필요하다. '나 아니어도 누군가가 하겠지. 나는 거기에 편승하면 돼.' 하는 안일한 사고방식으로는 절대 큰 뜻을 가질 수 없으며, 생각이 바뀌지 않는 한 인생도 바뀌지 않는다. 다른 누가 아닌 내가 하겠다는 마음, 실패하더라도 내가 책임지겠다는 각오가 있을 때 비로소 큰 뜻을 가졌다고 할 수 있다.

아쓰미 선생은 생전에 "아무리 가르쳐도 인생관까지 바뀌는 경우는 기껏해야 100명 중 하나 정도"라고 말했다. 매년 2회,

200~300개 회원사의 관계자들이 모이는 페가수스클럽 정책 세미나 자리에서도 그는 개회사를 통해 종종 이렇게 말하곤 했다.

"오늘 모인 700명 중 진짜 성공할 사람은 아마 7명이 될까 말까 할 겁니다."

모인 이들 중에는 명문대 출신의 엘리트도 적지 않았다. 하지만 세상은 우수한 사람만 성공하는 게 아니다. 머리가 좋고 나쁜 것은 관계없다. 큰 뜻과 비전을 품고 몸과 마음을 모두 그 방향으로 움직이는 사람, 또 마음속에서부터 그렇게 믿는 사람이 성공하게 마련이다. 서문에서 나는 낙오자도 성공할 수 있다고 강조했다. 이것은 물론 사실이다. 하지만 누구든 자기 인생 전부를 걸지 않으면 큰 뜻과 비전을 달성할 수 없다. 그래서 100명 가운데 한 명 정도만 성공한다고 하는 것이다.

나는 니토리 사내에서 이야기할 때는 '100명 중 하나'를 '열 명 중 하나'로 바꿔서 말하곤 한다. '100명 중 하나'라고 하면 직원들이 지레 겁을 먹고 포기해버릴까 우려하는 마음 때문이기도 하고, 기본적으로 니토리라는 큰 뜻과 비전이 있는 회사에 몸담고 있다면 그 정도는 가능하지 않을까 싶어서이기도 하다. 아마도 그건 내 나름의 자부심이요, 기대일지 모른다.

아쓰미 선생은 또 말하기를 "한 사람의 인생관이 바뀔 만한 체험은 40세 언저리에 일어나는 경우가 가장 많다"고 했다. 내 경우에는 28세 때 미국 여행을 한 뒤 33세에 페가수스클럽에 가입했고, 그로부터 3~4년 정도 지나서야 인생을 건 계획과 비전을 구체적으로 그릴 수 있었다. 나이로 보면 35세 전후였으니, 다른 사람과 비교해 빠른 편이라 생각한다. 자신의 마음에 큰 뜻을 각인시키기 위해 하루하루 노력해나간다면 보통 마흔 이후에 변화가 일어난다고 본다.

회사의 큰 뜻을 공유하기 위해서는 회사에 있을 때만, 혹은 월급을 받을 때만 그것을 생각해서는 부족하다. 출근하기 이전과 퇴근 이후, 개인적인 시간 속에서도 그 큰 뜻을 실현하기 위해 어떻게 하면 좋을지를 끊임없이 생각해야 한다. 회사 일을 사적인 영역까지 끌고 오고 싶지는 않다는 사람도 물론 있겠지만, 그런 경우는 솔직히 성공할 확률이 거의 없다.

예를 들어 전시회에서 어떤 상품을 보고, 이를 검토해야 할지 말지 순간적으로 판단하기 위해서는 지금 니토리 매장에 어떤 제품들이 있는지, 그 기능이나 품질, 가격이 어느 정도이며, 어떤 제품이 잘 팔리는지가 반드시 머릿속에 있어야 한다. 만약 경쟁사의 매장 상황까지 파악하고 있다면 판단하는 데 더욱 도움이 될 것이다. 그런 정보 없이 상품을 본다면 옳은 판단을 하기 힘들다.

개인적인 물건을 사는 거라면 본인의 마음에 드느냐, 안 드느냐 하는 취향의 문제이니 지갑 사정을 고려해서 결정하면 그뿐이다. 하지만 바이어로서 상품을 판단하기 위해서는 판단의 재료가 되는 지식과 정보가 항시 머릿속에 있어야 한다.

그건 근무시간 중에 담당 매장에서 맡은 일을 하는 것만으로는 알기 어렵다. 근무시간 후나, 혹은 휴일에도 타사 매장을 일부러 찾아 공부해둘 필요가 있다. '쉴 때는 아무 생각 없이 무조건 쉬어야지.' 하는 사고방식으로는 불가능한 일이다.

현재 니토리에서 집행임원을 맡고 있는 아비코 히로미(安孫子尋美)의 경우 입사 후 계속 삿포로에서 근무했다. 이후 도쿄 본부으로 온 지 10년이 지났지만 아직도 휴일마다 시내 곳곳의 매장을 돌아다니며 공부를 한다. 그녀와 같은 세대의 남성 직원들 중에는 그렇게 큰 뜻에 몰입한 사람이 거의 없었다. 큰 뜻을 품지 않는 사람은 노력을 기울이지 않는다. 그래서 유망한 상품이 코앞에 있어도 눈에 잘 들어오지 않는 것이다.

성공하는 사람의 중요한 자질, 정

나는 여러 면에서 어머니를 닮았다. 나쁜 머리와 내세울 것 없는 외모부터가 그렇다. 또, 까칠하기는 해도 정에는 약한 성격도 어머니를 쏙 닮은 듯하다.

앞서도 말했지만 회사 경영은 꼭 머리가 좋아야만 잘할 수 있는 게 아니다. 머리가 좋아서 도움이 되는 건 기껏해야 대학까지다. 대학 졸업 후 사회에 발을 내디딘 후부터는 이야기가 달라진다. 현 상황을 타파하고, 기존에 해오던 방식을 바꿔 더 나은 방향으로 목표를 이뤄나갈 수 있는 사람이 성공한다. 누군가는 말하기를 "경영이란 오른손에 주판을, 왼손에는 의리와 정을 쥐는 것"이라 했다. 엄격함과 부드러움. 이 두 가지를 모두 갖추지 않으면 결코 성공할 수 없다.

큰 뜻과 비전도 마찬가지다. 그저 수치상의 목표만을 들어선 안 된다. '사람들에게 도움이 되겠다'는 마음이 반드시 있어야 한다. 모든 부문에서 그 사람의 사상이 기반이 되어야만 한다. 그런 의미에서 뜻은 '정'으로 나타나고, 비전은 '수치'를 통해 말하는 것이라 할 수 있다.

나는 '모두가 기뻐해주길 바라는 마음'이 강하다. 아내에게서도 "당신은 남들 기분 좋으라고 대체 얼마나 쓰고 다니는 거예요?" 하는 잔소리를 종종 듣곤 한다. 사실 돈이 많이 들더라도 나를 찾는 이들이 기뻐해줬으면 싶은 마음이 크다. 그게 바로 내 자신에게 가장 큰 보람이자 행복이기 때문이다. 누군가가 기뻐하는 얼굴을 보고 있자면 도움이 되어 다행이라는 뿌듯함과 안도감이 들곤 한다.

일을 할 때는 이런 마음가짐이 큰 도움이 된다. 고객을 기쁘게 하고픈 마음이 있기에, 그들이 어떤 점에 불만을 느끼고 불평하는지 유심히 살피게 된다. 상대방의 입장에서 생각하고 문제를 발견하려면, 무엇보다 그 사람을 기쁘게 만들고 싶다는 생각이 있어야 하는 것이다. 니토리의 유명한 광고 캐치프레이즈인 '오! 가격 이상, 니토리(お' ねだん以上' ニトリ)'도, 저렴한 가격과 좋은 제품으로 고객을 기쁘게 하고 싶다는 노력을 담은 것이다.

고객만이 아니다. 직원들 역시 더 즐겁게 일할 수 있도록 회사

차원에서 그들의 고민을 해결해주고자 노력한다. 좋은 실적으로 주주들을 기쁘게 하기 위해 최선을 다하는 것도 마찬가지 맥락이다. '상대방의 기쁨'이 내 모든 행동의 근원이자 밑바탕이 되는 셈이다.

나는 자녀들에게도 "누군가에게 도움이 되는 것을 목적으로 삼아라. 그것만 확실하다면 무슨 일을 해도 좋다"고 말한다.

사람이든 회사든 '그 사람이 있어서 참 좋다. 함께하고 싶다', '그 회사가 있어서 큰 도움이 된다'는 소리를 들을 때 비로소 존재가치가 있는 법이다. 그렇게만 된다면 목적의 90퍼센트 이상은 달성한 것이나 마찬가지라고 나는 생각한다.

물론 누군가에게 도움이 된다는 목적은 말처럼 실천하기가 어려운 것이 사실이다. 하지만 마음속으로 '사람을 위해, 세상을 위해'라는 큰 뜻을 새기는 것만으로도 모든 것이 달라지기 시작한다. '큰 뜻'은 세상이 존재하는 한 절대 바뀌지 않는 가치요, 목적이기 때문이다.

어떤 곳에서 일하고 있든, 세상의 모든 젊은이들이 자신만을 바라보는 것이 아니라 '사람을 위해, 세상을 위해'라는 큰 뜻을 품길 바란다. 만일 모든 사람들이 그런 마음으로 일하게 된다면 이 세상은 한층 더 행복해지고 발전할 것이다.

이 책을 읽는 모든 이가 '일하는 보람'만이 아니라 '사는 보람'을 느끼며, 세상에 기여하고 공헌하는 삶을 지속했으면 한다.

2장

비전.
'기한 있는 목표'로
추진력을 더한다

국지전에 매달렸던 초보 사장 시절

내게는 인생을 바꿀 계기를 만들어준 이가 둘 있다.

첫 번째는 아내다. 아내는 그대로 놔뒀다면 진즉에 문 닫고 말았을 가구 매장을 도와 매출을 두 배 이상 끌어올렸다. 그 덕에 우리가 먹고 살 수 있었고, 지금까지 성공가도를 함께 개척할 수 있었다.

또 한 명은 체인스토어 이론으로 유명한 아쓰미 슌이치 선생이다. 사업이 무엇인지, 경영이 무엇인지를 그에게 배움으로써 내 인생은 크게 달라졌다.

앞서 나는 1972년에 우연히 참가한 미국 시찰 여행으로 인생관이 크게 바뀌었다고 이야기했다. 하지만 그렇다 해서 하루아침에 변화가 일어나 지금과 같은 수준으로 뛰어오른 것은 아니다. 미국에서 돌아온 직후는 '큰 뜻'이라는 말도 아직 떠올리기 전이었다.

물론 '미국과 같은 수준에 이르고 싶다, 일본의 주거 환경을 더 풍요롭게 하고 싶다'는 생각은 미국에서 막 돌아왔을 때부터 이미 가지고 있었다. 하지만 '인생이든 회사든 큰 뜻과 비전이 필요하다'고 확실히 자각한 건 아쓰미 선생이 주재하는 페가수스클럽에 가입하고 나서였다.

미국에서 돌아온 후 나는 '매장 수 확대'를 급선무로 삼고 경쟁 업체의 주변 지역부터 공략해서 치고 나가야겠다고 생각했다. 그렇게 전의에 불타서 이듬해인 1973년에 문을 연 매장이 바로 현재의 본사인, 삿포로 시 기타(北区) 구에 위치한 아자부(麻布)점이다.

아자부점은 니토리 3호점으로, 당시 다른 두 곳에서 1, 2호점이 영업을 하고 있었다. 첫 매장은 오픈 당시 30평(약 99제곱미터) 규모로 출발했다가, 이후 거주지로 쓰던 2층까지 매장으로 터서 총 60평(약 198제곱미터)으로 규모를 키웠다. 이어서 미국에 가기 전 문을 연 2호점, 호쿠에이(北栄)점은 예전의 아버지 회사인 '니토리 콘크리트공업' 소유지를 활용한 점포였다. 매장 규모가 250평(약 826제곱미터)으로 당시로서는 상당히 큰 편이었다.

3호점인 아자부점은 그보다 한층 더 큰 350평(약 1,157제곱미터)에 달했다. 처음 가게 터를 매입할 때는 땅 주인이 난색을 표했지만 '일본도 미국처럼 풍요로운 삶이 가능하도록 만들겠다'는 큰 뜻을 이야기하며 설득했고 결국 시세보다 훨씬 비싼 가격에 그 자리를 넘겨받았다. 자금은 은행에서 융자를 받았다. 당시 실적이 부진했기에 쉽지는 않았지만 이번에도 역시 큰 뜻과 비전을 내세웠다. 구입할 부지까지 보여주면서 가게를 열면 장사가 아주 잘될 거라고 설득한 끝에 가까스로 대출을 받을 수 있었다.

다행히도 아자부점은 오픈하면서부터 좋은 성적을 기록했다. 경영 위기에 빠진 니토리로서는 기사회생의 선택이었던 셈이다. 이어 1975년 겨울에는 에어돔(공기압을 이용해 공간을 형성하는 돔 형태 구조물로 기둥과 대들보 없이 내부 공간을 형성할 수 있다-옮긴이) 형태의 난고(南鄉)점을 열었다. 에어돔 시설은 미국에서 수입했으며 높이만 해도 12미터, 매장 규모는 무려 500평(약 1,653제곱미터)이었다.

이 매장은 '일본 최초'라는 화제성에 힘입어 좋은 반응을 얻었지만 사실 우여곡절도 많았다. 에어돔을 수입하고 설치하는 과정은 악전고투 그 자체였으며, 마무리 공사가 길어져 오픈 날짜를 불과 이틀 남겨놓고서 가까스로 매장을 완성할 수 있었다. 게다가 하필이면 오픈 전날 내린 눈으로 돔이 무너지는 바람에 임직원이 모두 나와서 눈을 치우는 사태가 벌어졌다. 당시 직원 하나는 눈 더미 속에 빠져 구급차까지 출동하는 등 정말 웃지 못할 소동의 연속이었다.

그 후에도 여러 곳에서 매장 오픈이 이어졌다. 1976년 국도변을 따라 540평(약 1,785제곱미터) 규모의 테이네도미오카(手稻富丘)점이 문을 열었고, 1977년에는 도요히라(豊平) 구에 츠키사무(月寒)점이 오픈했다. 그렇게 1978년 페가수스클럽에 가입하기까지 총 여섯 곳의 매장을 출점했다.

　초반에 나는 매장 오픈을 할 때마다 "넓이가 이 정도밖에 안 나오냐"고 볼멘소리를 했다. 당시 경쟁업체 매장이 이미 1,200평(약 3,967제곱미터) 규모였던 터라 그곳을 기준으로 하면 성에 차지 않았던 것이다. 더구나 미국에서 시찰한 가구점들은 규모가 더 커서 보통 2,000~3,000평에 달했고, 그 정도 규모의 매장을 각지에 70~80개씩 보유한 체인스토어들도 있었다. 그 와중에 문을 닫는 매장이 속출할 정도로 미국 시장은 경쟁이 치열한 상황이었다.

　하지만 다섯 번째 매장을 낼 때부터는 마음가짐이 달라졌다. 인근에 매장 하나만을 두고 있는 라이벌사와 싸우겠다는 발상 자체가 허무하게 느껴졌기 때문이다. 그래서 적진의 주변을 공략하자는 전략 자체를 내려놓기로 했다. 그런 사소한 경쟁에 연연하기보다는, 대형 체인스토어를 구축해 나라 전체와 사람들의 삶을 풍요롭게 만드는 것을 목적으로 삼아야겠다는 생각이 들었다.

　그렇게 매장의 숫자는 늘었지만 매출과 이익 중심의 사고만큼은 여전히 벗어나지 못했다. 나는 아직도 매출이 얼마나 오를지, 이익이 얼마나 날지만을 고민했다.

　물론 당시에도 이익은 났지만 대략 2~3퍼센트 수준에 그쳤다. 나는 그 비율을 5퍼센트까지는 끌어올리고 싶었다. 그 무렵 가구업계에서 이익률이 5퍼센트면 꽤 우량한 업체라는 평을 들을 수 있었다. 만일 이 목표를 달성하고 더 나아가 이익률 10퍼센트에 도달하면 그때부터는 우량업체가 아닌 우수업체로 발돋움하게 된다. 그때 내 머릿속에는 오로지 매출과 이익밖에 없었다.

초창기부터 함께 일해온 직원들은 입 모아 이야기하기를, 내가 미국 시찰 여행에서 돌아온 직후였던 이 몇 년간의 시기가 가장 힘들었다고 한다. 신규 매장을 연달아 오픈한 데다가 '이것도 하고 저것도 하는' 식으로 취급 상품을 확대해나간 덕에 직원들이 중노동에 시달렸던 것이다. 그런데도 임금 수준은 업계 평균보다 낮았으니 악덕 사장이라는 소리를 들었다 해도 할 말이 없다.

나는 직원들에게 이렇게 말했다.

"지금은 쉼 없이 일합시다. 급여가 낮더라도 조금만 참아주세요. 앞으로 회사가 커지면 충분히 보상할 겁니다."

1975년 처음으로 대졸 사원을 다섯 명 뽑았지만, 밤늦도록 야근을 하는 데다 휴일은 일주일에 딱 하루뿐인 빡빡한 근무 환경에 전원이 그만뒀다.

30대 초반 무렵의 나는 경영자로서 아직 미숙했다. 자금도 충분치 않고 주변에 사람도 없는 데다, 경영 방침도 계속 바뀌었다. 10년 가까이 오로지 내 스타일대로 장사를 하면서도 어떻게 해야 할지 확신이 들지 않았고, 머릿속은 항상 복잡하고 시끄러웠다.

모든 경영자는 로맨티스트가 되어야 한다

그러던 중 우연한 기회가 찾아왔다. 당시 가끔 들르던 거래처의

응접실에서 유통업 체인화에 관한 서적 시리즈를 발견한 것이다. 그 책을 전권 구매하여 읽고 또 읽었다.

나는 미국의 뛰어난 주거 환경의 기반에 체인스토어가 있다고 생각했고, 일본도 그와 비슷한 수준으로 만들고 싶다는 의지가 있었다. 그 책의 저자인 아쓰미 슌이치야말로 내 뜻을 실현하기 위한 구체적인 이론과 방법을 가르쳐줄 사람이라는 확신이 들었다.

책을 읽으면서 마침내 시야가 열리는 기분이었다. 내가 일하면서 품은 모든 고민을 이 책이 다루고 있다는 생각이 들 정도였다. 나는 23세에 멋모르고 장사를 시작해 대표로서 많이 미숙하던 상태였다. 여러 가지 고민으로 혼란스럽던 그 시기에, 책이 주는 가르침은 '옷감에 물이 스며들듯' 바로 흡수되었다. 그 책을 발견한 것이 참 절묘한 우연이라는 생각이 들었다.

나는 선생의 저서를 몇 번씩 반복해서 읽으며, 선생이 주재하던 체인스토어 경영연구단체인 페가수스클럽에 어떻게든 가입해야 겠다고 마음먹었다. 그리고 1978년 1월, 33세가 되던 해에 마침 내 그 클럽에 들어갈 수 있었다.

당시 51세였던 아쓰미 선생은 일본 체인스토어협회의 초대 사무국장을 맡고 있었고, 일본 내 체인스토어 이론 분야의 독보적인 인물로 꼽혔다. 도쿄대 법학부 출신으로, 〈요미우리신문(讀賣新聞)〉 기자를 거쳐 경영 컨설턴트로 변신했고 이후 1962년 페가수스클럽을 창설했다.

그의 지론에 따르면, 일본은 여타 선진국에 비해 아직 풍요로운 환경을 갖추지 못했고 그 이유는 일본의 유통업이 규제에 묶여 있어 제조업에 비해 근대화가 늦었기 때문이라고 했다. 따라서 뒤처진 일본의 유통업을 체인스토어 시스템으로 개혁하고, 유통업계에 일대 혁명을 일으켜 사람들의 생활수준을 향상시키는 것을 클럽의 창설 목적으로 삼았다.

당시 페가수스클럽의 회원은 이미 1,000개 사를 넘었는데 그중에는 다이에(ダイエ―), 이토요카도(イト―ヨ―カ堂), 쟈스코(ジャスコ, 현 이온), 스카이라쿠(すかいら―く), 요시노야(吉野家) 등 일본을 대표하는 소매체인과 외식체인 업체들이 포함돼 있었다. 일본의 소매업 총매출이 110조~120조엔(약 1,100조~1,200조 원)이었던 시기, 페가수스클럽에 가입한 기업의 매출 합계만 해도 40조~50조엔(약 400조~500조 원)에 달할 정도였다.

아쓰미 선생은 한 달에 몇 차례씩 도쿄에서 체인스토어 경영전략 세미나를 열었다. 그리고 봄과 가을에는 하코네(箱根)에서 몇 백 명의 회원들과 함께 1박 2일간 정책 세미나를 하기도 했다. 나는 이 모든 세미나에 빠짐없이 참석했다.

내가 입버릇처럼 강조하는 '큰 뜻이 제일 먼저'라는 말은 페가수스클럽에 가입하고 공부를 하면서 깨닫게 된 것이다. 아쓰미 선생은 "기업은 고객을 위해, 사람을 위해, 세상을 위해 존재한다"고 가르쳤다. 또한 그는 "경영자는 로망을 좇는 로맨티스트가 되어야 한다"고 이야기했다. 여기서 로망이란 곧 '큰 뜻'을 말한다. 그에 따르면 사람을 위해, 세상을 위해 행동하는 사람이 바로 로맨티스트였다.

　모든 회사에는 큰 뜻, 로망이 필요하고, 전 직원들은 로맨티스트가 되어야 한다. 큰 뜻과 비전이 있을 때 거기서부터 일에 대한 의지와 집념, 호기심이 생겨난다. 나는 내가 배운 내용을 '성공의 다섯 가지 요소'라는 말로 정리해 직원들에게 직접 설파했다.

숫자 1로 시작하는 일곱 개의 목표

큰 뜻과 더불어, 성공으로 나아가는 데 없어서는 안 될 또 한 가지가 바로 '비전'이다. 비전이란 '20~30년가량의 시기 동안 달성할 목표'를 말한다. 사업을 등산에 비유한다면 비전은 목표로 해야 할 산이다. 그리고 큰 뜻은 산이 주는 감동과 감격을 말한다.

　어떤 산이든 오른다고 무조건 감동이 생기는 건 아니다. 크고 아름다운 산일수록 등반 과정이 힘든 만큼 감동도 크다. 이왕에 목표로 삼는 거라면 세계유산 정도에는 등재된 산을 선택해야 큰 감동과 감격을 맛볼 수 있으리라.

　'사람을 위해, 세상을 위해'라는 목표에는 사람들이 가진 불평과 불만, 불편함을 해결하는 일도 포함될 수 있다. 다만 그것만으로 세상이 바로 좋아지리라 기대할 수는 없다.

　만약 큰 뜻이 '사람들에게 주거의 풍요로움을 제공하는 것'이라면, 더 다양하고 폭넓은 수단을 강구해야 한다. 주거와 관련된 모든 상품을 기존의 3분의 1 가격으로 제공한다거나, 필요한 모든 제품을 자유롭게 코디네이션하게끔 하겠다는 수준에까지 이르러야 한다. 이는 계획의 규모 자체가 달라 1,000호점, 2,000호점 수준의 매장이 필요하며, 기간도 몇 십 년이 걸릴 수 있는 대작업이다.

이를 실현하기 위해 '30년에 걸쳐 매장을 100개까지 늘리겠다'는 식의 비전이 필요하다. 큰 뜻은 구체적인 달성 목표인 비전 없이는 이루기가 불가능하다.

내가 장기 계획을 처음 세운 건 스물여덟, 그러니까 미국 시찰 여행에 참가했을 때였다. 당시 나는 '일본은 미국에 50년 이상 뒤처졌다. 그 격차를 따라잡고 앞서나가기 위해서는 어떻게 해야 할까?'를 생각하며, 그 과정을 구체적인 수치로 나타내보고자 했다. 그렇게 돌아오는 비행기 안에서 '앞으로 30년 동안 달성해야 할 목표'를 고민했고, 그것을 반드시 달성하겠다는 결의서를 작성했다.

이것이 앞서 소개한 '제1기 30년 계획'이다. 이때 나는 '첫 10년 간 사람을 만들고, 다음 10년간 매장을 만들며, 마지막 10년간 상품을 만든다'고 구상했다.

우선 '사람 만들기'란 대졸 사원들의 정기 채용을 시작하고, 직원 교육에 적극 투자해 우수한 인재를 양성하겠다는 것이다. 이어 10년간은 신규 매장을 연속적으로 출점해 대형 체인스토어 형태를 구축한다. 그렇게 어느 정도 매장의 규모가 갖춰져 구매력이 생기면 '토털 코디네이션'을 제안할 수 있는 독자 상품을 개발하겠다는 발상이었다.

1972년 말에 세운 이 30년 계획의 최종 기한은 2003년 2월이었다. 당시는 매장이 아직 두 곳밖에 없던 상황인지라 30년 후의 목표도 소박했다. 목표로 삼은 매장의 수는 30개, 매출은 100억~200억 엔(약 1,000억~2,000억 원)이었다. 그때만 해도 그 정도면 충분하다고 생각했다.

그로부터 5년 뒤 아쓰미 선생의 페가수스클럽에 가입하고 '장기 계획 세미나'를 수강한 적이 있다. '장기 계획의 비전을 제출하라'는 과제를 받고서 나는 전에 이미 만들어둔 30년 계획을 그대로 냈다.

페가수스클럽에 가입한 직후 나는 일곱 번째 매장인 아쓰베쓰(厚別)점을 오픈하고, 사명도 가타카나 니토리(ニトリ)로 변경했다(일본에서 사명을 가타카나 형태로 변경하는 것은 회사 규모가 커져서 대기업화, 일반화된 경우에 해당한다-옮긴이). 당시 일곱 군데 매장의 매출 합계는 15억 엔(약 150억 원) 정도였다. 매장 수를 30개로 늘린다면 매출액도 네 배가 될 테니 내심 충분하다고 생각했다. 그런데 아쓰미 선생의 답은 내 예상과 달랐다. '너무 적다'는 것이었다. 그래서 이번에는 목표 점포 수를 50개로 수정해서 제출했지만 다시 한 번 반려되었다. 그는 말하기를 "페가수스클럽에서는 100배 발상이 기본"이라고 했다.

그의 생각은 말하자면 이런 것이었다.

기존의 두세 배 정도 되는 목표라면 지금껏 해오던 방식을 지속해도 충분히 달성할 수 있다. 하지만 100배 정도가 되면 과거와 동일한 방식으론 결코 달성할 수 없다. 예를 들어 두 발로 걷던 데서 자전거를 이용해야 하고, 또 자동차로 바꿔 탔다가 다음에는 비행기로, 그리고 나중에는 로켓으로 갈아타는 식의 획기적인 발상 전환이 필요하다. 아울러 운전을 하려면 면허를 따야 한다. 즉, 경영자 자신의 성장도 함께 요구되는 것이다.

그렇게 높은 목표를 세우고 그 목표를 향해 돌진하는 것이 바로 비전이다. 아쓰미 선생의 말대로 하자면 당시 일곱 개에 불과했던 매장 수가 30년 후 700군데로 늘어야 했다. 솔직히 '그건 무리 아닐까? 불가능할 거 같은데?' 싶은 생각도 들었다. 하지만 내가 과제를 놓고 씨름하는 동안 함께 수강하던 다른 이들은 모두 선생의 승낙을 받고 돌아간 터였다. 그래서 어쩔 수 없이 '100개 매장, 1,000억 엔(약 1조 원) 매출'이라고 목표를 고쳐 적고 나서 비로소 OK 사인을 받았다. 선생은 "사내 누구든 잘 볼 수 있는 곳에 붙여두게." 하며 본인의 서명을 한 과제를 돌려주었다.

사실 그때까지 나는 직원들에게 '2003년 2월까지 30개 매장을 열자'는 목표를 계속 이야기해왔다. 그런데 아쓰미 선생의 지도를 받으며 그 목표가 세 배 이상 많은 100개로 늘어난 것이다.

아쓰미 선생은 '기업의 사회 공헌을 측정하는 바로미터는 고객 수와 매장 수'라고 말했다. 당시 미국에는 500개는 물론이고 1,000개, 2,000개 매장을 보유한 대형 체인들도 있었다. 일정한 매장 수를 보유한 체인이 되어야만 진정한 사회 공헌을 할 수 있으며 한 자릿수, 두 자릿수가 아닌 적어도 세 자릿수 매장은 필요하다는 게 선생의 생각이었다.

내가 세운 '100개 매장, 1,000억 엔(약 1조 원) 매출'이라는 목표라면 아쓰미 선생이 말하는 '사회 공헌'이 가능한 최소한의 조건이 충족되었다. 게다가 딱 떨어지는 수치라서, 나와 임직원 모두 기억하기 쉽고 말하기도 쉬웠다.

물론 매장을 100군데 내기 위해서는 사업의 강도를 훨씬 높여야 한다. 게다가 체인스토어라면 상품 구색이나 매장 인테리어가 100군데 모두 똑같아야 한다. 실제로 경영을 하는 입장에서 이는 결코 쉬운 일이 아니었다.

'100개 매장, 1,000억 엔 매출'과 더불어 생각한 또 한 가지 목표가 있었는데 바로 '매장당 면적을 1,000평(약 3,306제곱미터) 수준으로 높이자'는 것이었다. 당시 니토리 매장 일곱 군데의 평균 면적은 450평(약 1,488제곱미터), 매장당 매출은 6억 엔(약 60억 원)대였다. 하지만 '100개 매장, 1,000억 엔 매출'이라는 목표를 달성하기 위해서는 매장당 매출을 10억 엔(약 100억 원)대로 끌어올려야 했다. 그러자면 한 매장의 면적이 1,000평(약 3,306제곱미터)은 되어야 한다는 계산을 했던 것이다.

아쓰미 선생은 말하기를 업종에 관계없이 매장의 평당 매출을 95만 엔(약 950만 원) 이상으로 목표해야 한다고 했다. 사실 이것은 가장 달성하기 어려운 목표라 아직까지도 도달하지 못했다. 특히 가구 업종은 상품이 많은 부피를 차지하기 때문에 평당 매출 면에서는 불리하고, 그나마 매장이 작아야 평당 매출이 상승하는 경향이 있다. 니토리의 경우 홈패션(패브릭 소품) 제품군의 비율이 늘어나면서 목표에 근접해가고 있다.

나는 임직원 대우 면에서도 업계 최고가 되겠다는 목표를 세우고 '연봉 1,000만 엔(약 1억 원) 시대를 열겠다'고 선언했다. 물론 처음부터 모든 직원을 대상으로 하는 것이 아니라 50세쯤이 되면 연봉 1,000만 엔 정도는 받을 수 있는 회사로 만들겠다는 것이었다. 더불어 지주회사를 설립해 직원들에게 회사 주식을 나눠주고, 이들이 60세 정년을 맞이할 즈음에는 한 사람당 1억 엔(약 10억 원) 정도의 주식을 보유하게끔 만들겠다는 목표도 세웠다. 이 모든 계획은 직원들에게 동기 부여를 하기 위한 것이었다.

100개 매장, 1,000억 엔 매출, 점포당 면적 1,000평, 평당 매출 100만 엔, 매장당 매출 10억 엔, 직원 연봉 1,000만 엔, 직원당 보유 주식 1억 엔. 이렇게 나는 앞에 1자가 붙은 수치상의 목표 일곱 개를 만들었다.

또 한 가지 중요한 선언은 '일본 최초의 홈퍼니싱 업체가 되겠다'는 것이었다. 그때까지 니토리에서 80~90퍼센트를 차지하던 가구의 매출 비율을 50퍼센트 이하로 조정하고 기타 인테리어 소품과 가정용품의 비중을 높이겠다는 것이 골자였다.

마지막으로, 본거지가 홋카이도 지역에 한정돼 있던 데서 벗어나 전국구 체인으로 도약할 것, 그리고 도쿄증권거래소 1부 상장도 목표로 삼았다.

이 모든 것을 2003년 2월까지 달성하겠다는 것은 아쓰미 선생의 조언을 따르는 것을 넘어선, 나 자신과의 약속이기도 했다.

몸으로 한 번 실천하기 위해서는
먼저 입으로 수천 번 선언하라

비전은 나 혼자만 마음먹고서 달성할 수 없다. 사장 혼자만이 아니라 전 직원 모두가 목표를 공유해야 하며, 특히 임원 등의 책임자들이 적극적으로 나서야 한다. 그렇다면 어떻게 해야 구성원 모두가 이 목표에 열정을 품고 그 달성 과정에 동참할 수 있을까.

나는 회사 구성원 모두 아쓰미 선생의 강연을 들었으면 좋겠다는 마음에, 회사가 재정적 여유가 없는 와중에도 3개월에 한 번씩은 임원들을 데리고 도쿄 세미나에 참석했다. 처음에 동행한 사람은 3명뿐이었지만 회사가 조금씩 커지면서 5명, 또 10명으로 그 숫자가 점차 늘어났다.

또한 나 자신도 직원들과 만나는 여러 자리에서 수시로 큰 뜻과 비전을 이야기했다. 매년 한 번씩 열리는 경영방침 발표회나, 점장 이상의 임직원을 대상으로 하는 분기별 결산 발표회, 매월 한 차례 갖는 점장회의, 그리고 모든 회의가 끝난 뒤 마련하는 뒤풀이 자리 등, 가능한 모든 장소에서 큰 뜻과 비전에 대해 설파했다.

나의 반복적인 이야기에 직원들도 서서히 이 문제를 인식하고 관심을 가지기 시작했다.

사실 나도 처음에는 '100개 매장, 1,000억 엔 매출'이라는 내가 내세운 목표에 자신이 서지 않았다. 하지만 자나 깨나 "1,000억 엔은 달성해야지. 아니, 꼭 달성할 거야." 하고 입 밖으로 내서 말하자 의욕과 자신감이 점차 커졌다. 마음먹은 것을 누군가에게, 또 나 자신에게 이야기함으로써 자기암시 효과가 나타난 셈이다.

'사람을 위해, 세상을 위해 일한다', '사람들의 주거 환경을 더욱 풍요롭게 만드는 것이 목표다.' 사실 이런 큰 뜻을 가까운 지인들에게 밝히면 대개는 그게 무슨 뜬구름 잡는 소리냐는 둥, 자기 입으로 어떻게 그런 낯간지러운 말을 하느냐는 둥 핀잔이 돌아왔다. 물론 나 역시 처음에는 부끄러웠다. 그래서 초반에는 외부의 공적인 자리에서 강연을 할 일이 있어도 이 이야기를 일체 꺼내지 않았다. 하지만 같은 말을 반복하는 동안 어느새 그것은 내게 당연한 일, 마땅히 해야 할 일이 되었다. 부끄러움이나 민망함도 조금씩 사라져서, 어느 순간이 되니 언제 어디서든 그 이야기를 마음껏 할 수 있게 되었다.

오래전 유럽의 선교사들이 지구 반대편의 동양으로 건너와 기독교를 전파했을 때를 생각해보라. 처음에는 말도 안 되는 일이자 혼자만의 외로운 싸움일 뿐이었다. 그러나 같은 이야기를 반복해서 전하자 냉담하게 등을 돌리던 사람들도 서서히 귀를 기울였고 어느덧 신자들의 수가 늘어나기 시작했다.

이처럼 사람의 의식을 바꾸기 위해서는 하나의 이야기를 반복적으로 들려줄 필요가 있다. 큰 뜻과 비전을 전하는 것 역시 마찬가지다. 그런 의미에서 나는 일종의 '체인스토어 이론 포교 활동'을 벌였던 셈이다.

나는 기회가 있을 때마다 매장이나 물류 책임자들에게 우리의 큰 뜻과 비전을 달성하기 위해 어떻게 해야 할지, 또 각각의 해에 어떤 계획을 세워야 할지 서로 의견을 나누도록 했다. 임직원들도 자신의 입으로 몇 번씩 뜻과 비전을 반복하다 보면 어느새 나처럼 그것을 반드시 실천하고 달성하겠다는 의식이 자연스레 싹틀 것이라 생각했다.

거북이 사장이 직원들을 설득하는 법

처음에는 내가 아무리 열심히 큰 뜻과 비전이 중요하다고 말해도 직원들의 반응은 미적지근했다. 좀처럼 내 생각이 전달되지 않아 그저 혼자서 답 없는 메아리를 반복하는 기분이었다. '30년간 100개 매장 오픈하기'라는 비전을 세우고도 한 3년 정도는 그렇게 삐걱댔다. 비전을 실현하기 위해 확장 노선을 지속하는 가운데 회사 전반적으로 업무량이 많아지자 불만을 토로하는 직원들이 하나둘 늘기 시작했다.

니토리에서 대졸 사원 신규 채용을 시작한 건 1975년이었다.

처음에는 열 명에게 입사 제안을 하면 그중 한 명이 올까 말까 하는 정도였다. 그래서 연간 채용 인원이 열 명 남짓에 불과했다. 그마저도 다른 곳은 갈 데가 없는 이들이 대부분이었다. 이렇게 겨우 채용한 인원 중 70~80퍼센트는 2~3년 안에 퇴사를 했다. '조금만 더 참아주면 좋을 텐데…….' 내심 안타까웠지만, 나 역시 많이 미숙했던 터라 관두겠다는 사람을 설득하기가 쉽지 않았다.

지금은 "아무리 부족한 회사라도 10년 정도는 있어봐야 뭔가 하나라도 배운다"고 자신 있게 말할 수 있다. 하지만 당시 내가 직원들을 붙잡으며 할 수 있었던 말은 기껏해야 "차가운 돌에도 3년 앉아 있으면 따뜻해진다잖아(무슨 일이든 끈기 있게 하다 보면 성공한다는 뜻의 관용구-옮긴이)" 정도가 다였다. 유명한 야구선수가 자주 했던 말을 인용한 건데, 내 말을 듣고 3년 후 변화가 보이지 않는다고 관두는 경우도 있었다. 사실 3년씩이나 열심히 일하는 직원은 굉장히 드물었다.

나는 아쓰미 선생에게 배운 내용을 회사 차원에서 공유하기를 바라는 마음에, 임직원들을 대상으로 '체인스토어이론 연구회'를 조직했다. 그의 책을 읽게 하고 정기적으로 시험도 치렀다. 그런데 문제는 이론을 공부할수록 현실과의 괴리를 실감하게 된다는 것이었다.

예를 들어 책에는 '짧은 기간에 매출을 집계하고 수치화하여 관리하라'고 적혀 있었지만, 우리 회사의 실정과는 완전히 동떨어진 내용이었다. 또 책에서는 '작업 순서를 매뉴얼로 만들어 누구든 동일한 방식으로 일하도록 표준화하라'고 조언했지만 우리는 전혀 그렇게 하지 못하고 있었다.

어떤 직원은 '왜 우리는 배운 대로 하지 못하느냐'고 항의하기도 했다. 그래서 "지금은 못하지만 몇 년 정도 지나면 우리도 그렇게 할 수 있다"고 변명하자 "그럼 대체 몇 년이나 지나야 되는 건데요?" 하고 따져 물었다. "글쎄, 한 2년 정도?" 하고 얼버무렸는데 그 사람은 정말로 2년 뒤 사장이 말을 지키지 못한다며 퇴사했다.

만약 그때 2년이라고 말하지 않고 "금세 바뀌기는 어렵겠지? 5년, 아니면 10년 정도는 걸리지 않을까?" 하고 둘러댔다면 어땠을까? 물론 그렇게 오래 기다릴 수는 없다며 즉시 관뒀을지도 모르는 일이다.

사실 큰 뜻과 비전을 제대로 공유하지 못했던 건 나부터가 그 내용을 정확히 이해하지 못한 탓도 있다. 나는 원래 상대방의 이야기를 제대로 이해하는 게 힘든 사람이었으니 말이다.

아쓰미 선생에게 "비전이 뭔가요?"라고 물으니 "비전이란 꿈 같은 것"이란 답이 돌아왔다. 꿈이란 환상과도 같아 명확히 보이지 않는다는 것이다.

"높은 산에 오른다고 생각해보게. 처음에는 산 정상이 자욱한 안개에 덮여 잘 보이지 않겠지. 하지만 가까워질수록 바위 너머로 어떤 윤곽이 보이기 시작할 걸세. 거기를 직접 올라가 보는 거야. 그렇게 비전에 도착했을 때 우리는 이미 산 정상에 서 있게 되는 거라네."

내가 들은 이야기를 직원들에게 똑같이 전달했지만, 제대로 이해하고 납득한 이는 드물었다. 나는 당황해서 "일단 입으로 따라 하고 실천하면 점차 그 내용을 알 수 있을 것"이라고 말했다. 하지만 그래도 도무지 못 알아듣겠다는 사람, 그게 무슨 말이냐고 따져 묻는 사람이 나왔고 나는 아쓰미 선생에게 들은 말만 앵무새처럼 반복할 수밖에 없었다.

나는 비전 발표와 동시에 홈퍼니싱 업체로 거듭나겠다는 선언도 함께 했다. 하지만 '홈퍼니싱이라는 게 정확히 뭐냐'고 묻는 직원들의 질문에도 역시 똑 부러지게 답할 수 없었다. "커튼이나 카펫으로 벽이나 창, 바닥 등을 꾸미는 것을 홈패션이라 한다. 홈패션과 퍼니처(가구)를 더한 것이 홈퍼니싱이다. 옷으로 우리 몸을 꾸미듯, 집 안을 코디네이션해서 아름답게 가꾸는 것이다"라고 이론적으로 말했지만, 세부적인 내용은 사실 나도 잘 몰랐다.

아마 직원들 입장에서는 꽤나 불안했을 것이다. 머리가 나쁘고 실력이 많이 부족한 데다가 둔감하기까지 했으니 '이런 사람한테 내 미래를 맡겨도 될까?' 싶은 이들이 대부분이었을 것이다.

'말 주변이 조금만 더 좋았다면……' 하고 스스로도 안타까운 생각이 들었다. 하지만 나는 포기하지 않고 지속적으로 내 뜻을 이야기했다. 그 결과 어느 순간 '사장님의 큰 뜻과 비전에 공감한다'는 직원들이 하나둘 나오기 시작했다.

"그런 회사를 왜 가?" 소리를 듣던 직원들이
'누구나 가고 싶은 회사'를 만들다

1978년 오일쇼크로 대기업의 채용 규모가 줄어, 도시로 나간 학생들이 고향으로 돌아와 취직하는 'U턴 현상'이 화제를 모았다. '이때가 기회'라고 생각한 나는 도쿄로 나가 인재들을 물색하고 열심히 설득했다.

니토리는 도쿄에서 이름이 거의 알려지지 않은 회사였기에 학생들 대부분은 나를 잘 상대해주지 않았다. 그래서 먹을 것을 사줘가며 그 친구들이 먹는 동안 나는 옆에서 열심히 공략하는 작전을 펴기도 했다. 그러면 대부분은 실컷 먹고 난 뒤 "잘 먹었습니다. 그럼 가볼게요." 하고는 자리를 떠났지만, 개중에는 내 이야기에 공감해 입사를 결정하는 경우도 더러 있었다.

현재 니토리의 사장이 된 시라이 토시유키(白井俊之)도 이 무렵 입사한 직원 중 하나다. 당시만 해도 '대학까지 나온 놈이 무슨 가구점에 들어가느냐'고 생각하던 시절이었다. 홈퍼니싱이니, 토털 코디네이션이니 말을 해도 전혀 관심을 보이지 않았다. 간신히 본인을 설득하고 나면 부모가 반대를 했기 때문에 이번에는 부모를 구슬려야 했다. 정말 '산 너머 산'이 따로 없었다.

시라이 씨 입사 때도 반대하는 부모님의 마음을 돌리기 위해 몇 번이나 집까지 직접 찾아갔다. 하지만 문전박대를 당하기 일쑤여서 나중에는 문이 닫히지 않도록 발만 들이민 상태로 "댁의 아드

님이 우리 회사에 꼭 필요합니다." 하고 호소했다. 그런 막무가내식 영업에 결국 부모님도 "그럼, 네 마음대로 해라"라고 두 손을 들었다. 시라이 사장이 니토리에 입사하여 지금의 자리에 오르게 된 우여곡절을 생각하면 지금도 감회가 새롭다.

1979년 니토리에 들어온 공채 4기 사원은 모두 36명이었다. 당시 임직원 전체가 60명이었으니 신입사원이 전체의 절반을 넘는 셈이었다. 덕분에 인건비 부담이 크게 늘어 운영에 적잖은 어려움을 겪었다. 그래서 이듬해에는 신입사원 채용을 20명 이내 수준으로 되돌렸다. 공채 4기 직원들은 현재 정년에 해당하는 연령대에 들어서서 열 명 이하로 인원이 줄었지만, 오랜 기간 니토리의 성장을 이끈 견인차 세대라 할 수 있다.

시라이 사장을 비롯해 현재까지 임원으로 남아 있는 이 사람들은, 내심 불안한 모습을 감추지 못하던 나를 군말 없이 따라와 준 고마운 조력자들이다. 당시에 내 말을 받아들이지 못했던 이들은 금세 회사를 관뒀다. 불확실한 게 싫다는 사람, 새로운 시스템을 견디기 어렵다는 이들 역시 모두 떠났다. "윗사람들은 큰 뜻과 비전을 말할 뿐 아무것도 하지 않는다"며 사표를 낸 직원도 있었다.

새로 들어온 직원 입장에서 보면 사실 혼란스러울 법도 했다. 사장이 큰 뜻과 비전을 내걸었으니, 임원이나 실무 책임자들이 무엇을 해야 할지 판단해서 구체적인 지시를 내려야 마땅하다고 생각했을 것이다. 하지만 그 누구도 무엇을 어떻게 해야 할지 잘 몰랐다.

그때 시라이 같은 직원들은 고맙게도 '회사의 지시만 기다리지 말고 우리도 뭔가 해야 한다'고 생각했다. 물론 쉽지 않으리라는 걸 알면서도 '내가 이 회사에 들어온 건 어떤 특별한 인연이 있어서일 거야. 우리 손으로 직접 회사를 키워보자.' 하고 마음먹었다. 구체적인 지시를 내리지 않는 윗선이 실망스러워서, 또 말한 대로 실천하지 못하는 사장이 못미더워서 하나둘 회사를 떠나는 가운데, 나와 꿈을 공유하고 거기에 몰두한 이들은 자리를 지켰다.

그런 의미에서 니토리에 남은 이들은 하나같이 솔직하고 순수한 사람들이다. 아무런 의지가 되지 않는 젊은 사장의 말을 있는 그대로 따라주었으니 말이다.

지금은 입사 후 점장이 되기까지 보통 7~8년 정도 걸린다. 하지만 당시는 부족한 인력을 가지고 잇달아 신규 매장을 오픈하던 시기라 입사 2, 3년차 때부터 점장을 맡을 수 있었다. 하루 업무 시간은 12~13시간에 달했고, 본부는 늘 밤 11~12시까지 불이 켜져 있었다. 한 달에 휴일은 고작 4일. 그마저도 절반은 연수가 있었고 제대로 쉬는 날은 겨우 이틀이었다. 그때는 나도 '적게 쉬고 많이 일할수록 우수한 직원'이라는 선입견이 있었다. 그런 상황을 버티지 못한 사람들은 대부분 회사를 그만뒀다.

물론 직원들의 불만을 조금이라도 일찍 알았다면 좋았을 것이다. 하지만 근무 환경을 개선할 만한 자금이 회사에는 없었다. 복리후생 역시 아무것도 제공하지 못해서, 당시의 니토리는 그야말로 뜻과 비전 외에는 아무것도 없는 회사나 마찬가지였다.

'우리가 직접 나서야 한다'며 최선을 다했던 시라이 같은 사람들도 지금 와서 다시 물어보면 "그때만큼 힘든 시기도 없었다"며 고개를 절레절레 흔들곤 한다. 아마 모르긴 해도 그만둬야겠다는 생각을 몇 번, 아니 수십 번은 하지 않았을까.

모든 직원들이 힘을 낸 덕에 '100개 매장, 1,000억 엔 매출'이라는 30년 계획은 목표로 했던 시기보다 1년 늦게 달성할 수 있었다. 혼슈(本州, 도쿄, 오사카, 나고야 등이 자리한 일본 열도 최대의 섬-옮긴이) 지역에 진출해 전국 규모의 체인스토어로 성장했으며, 2002년에는 도쿄증권거래소 1부 상장이라는 위업도 이뤄냈다. 전체 판매고에서 가구 품목이 점하는 비율은 현재 40퍼센트 이하가 되었다. 염원했던 대로 니토리는 '일본 최초의 홈퍼니싱 기업'으로 자리매김한 것이다.

2016년 대졸 정기 채용은 41기째를 맞이했다. 사내 노조도 생겨 중노동과 저임금에 시달리던 근무 환경은 이전과 비교할 수 없을 만큼 개선되었고 직원들의 정착률도 크게 높아졌다. 1995년 이전에 입사한 20년 이상 근속자가 현재까지 150명을 넘을 정도다. 아울러 매년 신규 채용 인원은 400명을 넘어 임직원 수도 어느새 4,500여 명에 달한다.

지금도 나는 설립 초기, 우리 회사에 오라는 제안에 대부분 등을 돌리던 그 시절의 절박했던 마음을 잊지 않는다. 그래서 매년 신입사원 환영회에 참석할 때면 "입사해주셔서 진심으로 감사드립니다." 하는 인사를 빼먹지 않는다.

독설가 컨설턴트를 다시 찾은 이유

지금 와서 밝히지만, 나는 페가수스클럽에 가입한 뒤 한동안 그곳을 떠난 적이 있다. 어느 순간 아쓰미 선생이 무서워졌기 때문이다. 1980년, 선생이 홋카이도를 찾았을 때 나는 '우리 매장을 꼭한 번 봐달라'고 부탁해 2호점인 아쓰베쓰점으로 안내했다.

　내가 선생을 태우고 직접 공항에서 매장까지 운전해서 이동하는 중이었다. 선생은 옆자리에 앉은 우리 회사 상무를 사장인 나와 착각한 모양이었다. 자신이 질문한 경영 수치에 대해 상무가 제대로 답하지 못하자 선생은 불같이 화를 냈다. 나는 당황해서 "사장은 저입니다"라고 얘기했지만, 왜 사장이 본인 옆에 앉지 않았느냐며 더 매섭게 질책을 했다. 매장을 돌면서도 계속되는 지적에 분위기는 완전히 가라앉았다. 선생 뒤를 따라다니던 내 머릿속은 어느 순간 새하얘졌다.

　"자네는 경영자로서 최악이나 다름없군. 가르칠 만한 가치가 없어. 오늘 완전히 시간 낭비였네."

　그는 분노를 숨기지 않은 채 서둘러 돌아갔다.

　그때 선생은 세상 누구보다 무섭고 날카로웠다. 연이은 질책에 바보 취급을 당하면서 나도 자존심에 큰 상처를 받았다. 마음이 상할 대로 상한 나는 더 이상 선생의 얼굴을 보고 싶지도, 목소리를 듣고 싶지도 않다는 심정으로 페가수스클럽을 탈퇴했다.

　하지만 '정말 귀한 사람은 떠나고서야 깨닫는다'고 했던가. 이후 몇 군데 회사의 컨설턴트를 거쳤지만, 그들의 충고는 뭔가 명확하지 않았다. 그들은 하나같이 말주변이 좋고 친절했다. 평소 아쓰미 선생은 "컨설턴트는 절대 칭찬해선 안 된다. 문제점을 계속 지적하는 게 일이기 때문"이라며 아무런 칭찬을 하지 않았다. 그런데 다른 컨설턴트들은 나를 치켜세우기만 할 뿐, 정작 내가 안고 있는 경영상의 문제나 의문에 대해서는 명쾌한 답을 주지 못했다.

컨설턴트들 대부분은 다양한 업체에 공통적으로 적용되는 일반론만을 나열했다. 개인 상점부터 여러 점포를 운영하는 소매업체, 백화점 등을 모두 뭉뚱그려 다루었던 것이다. 체인스토어만을 분리해 매장 수와 시기별로 조목조목 설명하던 아쓰미 선생과 비교가 될 수밖에 없었다.

결국 2년쯤 지나 나는 다시 아쓰미 선생에게로 돌아갔다. '아무리 야단을 맞고 바보 취급을 당하더라도 선생의 직설적인 조언을 듣고 싶다'는 생각이었다. 다시 그의 문하로 들어가면서 나는 완전히 신봉자가 되었다. 언젠가 내가 다른 컨설턴트에게는 도무지 만족할 수 없었다는 고백을 하자, 그는 태연히 답했다.

"그건 다른 친구들이 '뜻'이 없었기 때문이지."

매출과 이익을 가장 중요하게 여기는 컨설턴트들이 많다. 그들의 말을 따르면 일시적으로 반짝 성과가 나타나지만 오래 지속되진 못했다. 반면에 '국민들의 삶을 풍요롭게 만들겠다'는 큰 뜻을 바라보고 가면 매출과 이익은 나중에 저절로 따라오게 된다.

선생의 그런 확고부동한 철학이 내 마음에 큰 울림을 남겼다. 나도 한때는 매출만을 추구하던 때가 있었다. 그러다 보면 사소한 이익에 매몰되거나, 고객이 원하는 것과 반대 방향으로 나아가기 십상이다. 실제로 대부분의 기업들이 그렇다. 파는 쪽인 자기들 중심의 사고로 고지식한 대책만 내놓는 것이다.

유통업체 중에서도 운영이 순탄치 못한 곳들을 보면 대개 고객과의 사이에 틈이 존재한다. 과거 경험을 바탕으로 회사의 입장에서만 제안할 뿐, 고객의 입장에서 생각하고 그들의 삶을 풍요롭게 하는 데 진심으로 동참하지 못한다.

나 역시 그랬다. 하지만 나만의 큰 뜻을 자각한 뒤로 경영의 방향도, 지향점도 완전히 달라졌다.

20년 뒤의 비전을 세우고 그것을 달성하기 위한 10년 목표, 5년 목표, 2년 목표, 1년 목표를 차례로 설정한다. 그리고 추가적으로 6개월, 3개월, 1주일이라는 세부 목표를 더해간다는 니토리의 경영 스타일은 모두 아쓰미 선생의 가르침을 기반으로 한 것이다.

선생은 업무를 진행하는 방식을 다음과 같이 제시했다. 1년을 52주로 나눠 주 단위로 결산하고 보고서를 작성하며, 그 작업을 1년간 쌓아나간다. 그다음 6개월간 개선을 한 뒤 이를 다시 수치로 남긴다.

만일 그의 가르침을 믿고 지속적으로 실천하지 않았다면 니토리는 결코 지금과 같은 규모로 성장하지 못했을 것이다.

일본 유통업계 거장들의 단순한 공통점

언젠가 아쓰미 선생한테 갑작스러운 칭찬을 들은 적이 있다.

"자네는 솔직하고 유연한 게 장점이야."

나를 그냥 '니토리'라고 호칭하던 선생은 그때부터 '니토리 군'으로 승격해주었고, 마지막에는 '니토리 씨'라 불렀다. 아마 호칭이 달라지는 만큼 나도 조금씩 더 인정을 받았던 것 같다.

사실 '유연하다'는 칭찬을 받았을 때는 그게 무슨 의미인지 잘 몰랐다. 더 솔직히 말하자면 선생이 'flexibility'라고 영어로 표현하는 바람에 그 뜻을 몰라서 되물어야 했다. 물론 그는 그 의미를 자세히 설명해줬다.

과거에 어떤 방법으로 성공한 사례가 있다고 해보자. 그런데 그보다 더 좋은 또 다른 방법이 있다 할 때, 금세 새로운 방식으로 전환하기란 쉽지가 않다. 사실 이것은 상당히 어려운 일이다. 만일 매장이 100개가 넘는다면 기존의 방식을 바꿈으로써 소요되는 비용과 수고는 엄청나다. 보통 사람들은 '그건 너무 부담스러우니 그냥 지금까지 해오던 대로 하는 게 낫겠다'고 지레 포기해버린다.

하지만 나는 "돈이 얼마가 들어도 좋으니 바로 바꾸자"고 한다. 그렇게 바꾼 다음, 이후에 더 좋은 방법이 나타나면 또다시 변화를 시도한다. 물론 직원들은 힘들었을 것이다. 시간도, 비용도 적지 않게 들었다. 그러나 나는 새롭고 더 좋은 대안을 발견하면 과

거의 성공에 연연하지 않았고, 추가 비용을 아까워하는 마음 없이 바로 실천했다. 그게 바로 선생이 말하는 유연성이었다.

새로운 선택을 할 때 또 한 가지 중요한 것은 '편견 없는 솔직함'을 견지해야 한다는 점이다. 선생은 자주 강조하기를 "어떤 방법의 좋은 점만 가져오려 해선 안 된다. 할 거면 있는 그대로, 전부 다 들여와야 한다"고 했다.

미국의 체인스토어를 보고 그중에서 좋아 보이는 점만 골라 흉내 내선 안 된다는 이야기다. 할 거면 100퍼센트, 시스템 전부를 들여와야 한다. 1에서 5까지 있다면 1, 2, 3을 빼고 4, 5만 취사선택해서도 안 된다. 1부터 순서대로, 하나씩 해나가야 한다.

페가수스클럽의 회원 중 큰 성공을 거둔 이들을 꼽자면 다이에 창업자인 나카우치 이사오(中内功)와 이토요카도의 이토 마사토시(伊藤雅俊)를 들 수 있을 것이다. 그 두 사람과 나에게는 한 가지 공통점이 있다. 앞의 두 명은 대학을 나오지 않았고, 나는 간신히 대학 간판을 따긴 했지만 낙제생이었다. 우리 셋의 장점은 '있는 그대로 받아들일 줄 아는 솔직함'이 아니었을까 한다.

아쓰미 선생은 미국의 성공적인 소매체인 사례를 연구해 이를 체계적인 이론으로 제시했다. 우리는 그것을 있는 그대로 흡수했다. 좋은 점만 선별적으로 얻으려 하지 않고 전부 다 실행했다. 그리고 세 사람 모두 큰 성공을 거둘 수 있었다.

멈추지도, 뒤돌아보지도 않는 거북이 CEO

연 2회 열리는 페가수스클럽의 정책 세미나는 두 개 조로 나뉘어서 진행되었다. A조는 연 매출 50억 엔(약 500억 원) 이상인 대기업 중심이었고, B조는 중소기업을 중심으로 했다. 물론 나는 B조에 해당했고 그중에서도 가장 뒤처지는 열등생이었다. 하지만 나는 학창 시절에도 60명 중 59등, 60등을 다투었기에 새삼스러울 건 없었다. 이미 익숙한 상황인지라 '그게 무슨 상관이냐'며 대수롭지 않게 여겼다.

내가 그렇게 맘 편히 생각할 수 있었던 건 아쓰미 선생에게 들은 어떤 칭찬 덕분이기도 했다.

선생은 "토끼보다 거북이가 되어라. 그리고 잔꾀보다 무게감을 가져라"라고 수시로 강조했다. 페가수스클럽에서 함께 공부한 경영자들 중에는 니토리보다 훨씬 빨리 100개 매장을 달성한 이들도 있었다. 그런데도 선생은 항상 나를 다독였다.

"니토리 씨, 천천히 가도 좋으니 한걸음씩 나아가는 게 중요해. 잔꾀에 밝은 토끼가 잠시 쉬는 동안 조금씩 따라가게. 절대 멈춰서도, 쉬어서도 안 되네. 머리가 나쁘다거나 계산력이 떨어진다 해도 상관없어. 노력을 멈추지만 않으면 한걸음씩 앞으로 나아갈 수 있을 걸세."

직원들을 보고 있으면 선생의 말이 무슨 뜻인지 실제로 와닿았다. 잔꾀가 뛰어난 사람은 대개 학교에서도 공부를 잘하고 감이 좋아 자신감이 넘친다. 상황에 따라 '낄 때 끼고 빠질 때 빠지는' 센스도 좋다.

하지만 경험을 중시하지 않고 내내 얕은 생각만 반복하는 경향이 있으며, 토끼처럼 자만해서 안주하는 모습을 보이기도 한다. 실제로 현장 경험이 없는 젊은 직원들이 종종 기획 일을 해보고 싶다고 청하는데, 막상 그 일을 맡겨보면 제대로 해내지 못하는 경우가 많다.

나는 거북이다. 함께 공부했던 젊은 경영자들 사이에서도 내가 가장 느렸다. 뭔가 질문을 받으면 똑바로 답한 적이 거의 없었다. 아쓰미 선생은 "내가 '왜'라는 질문을 일곱 번 할 동안 한 번도 답하지 못하면 실패"라고 했는데, 나는 늘 실패였다.

선생과 직접 대면한 자리에서도 "이 수치는 어떻게 나온 건가?"라는 질문을 받았을 때 제대로 답변한 적이 단 한 번도 없다. 그러면 선생은 버럭 화를 내며 있는 말 없는 말을 쏟아부었다.

"아니, 보통 한 번 정도라도 답을 하는 게 정상 아닌가! 자기 회사에 대한 내용도 제대로 모르고 자네는 대체 어떻게 된 건가!"

물론 그런 편잔을 들으면 나도 부끄럽고 화가 난다. 하지만 그렇게 둔하고 이해력이 떨어지는 내가, 결국 내 일에서 성공을 이루었다. 큰 뜻과 비전이 없었다면 불가능했을 일이다.

'가구가 사라지는 미래'를 생각하는 가구회사

1972년 내가 미국에 갔을 당시만 해도 일본에서는 50만~100만 엔(약 500만~1,000만 원)에 달하는 비싼 혼수용 가구가 가구업계 전체 매출의 3분의 1을 점했다. 매장에 따라서는 거의 절반 가까이가 혼수용 가구인 경우도 있었다. 그 대부분은 장롱, 서랍장 등의 수납 가구였다.

하지만 지금은 혼수용 가구의 수요가 거의 없다. 아예 그 시장 대부분이 사라져버린 것이다. 나는 미국 시찰 여행을 하면서 그런 변화를 충분히 예측할 수 있었다. 미국 가정에는 벽장이 갖추어져 있어 수납용 가구가 필요 없었다. 당시 다른 이들은 "일본은 문화 자체가 달라서 미국과는 사정이 다르다"고 말했지만, 나는 일본도 곧 미국처럼 변해 수납용 가구가 더 이상 필요 없을 것이라고 생각했다.

하지만 무작정 매장의 상품 구색을 바꾼다 해도 고객들이 반응해주지 않으면 매출은 오르지 않는다. 옳은 방향을 설정한 후에도 적절한 방법을 찾아내어 실천하기란 쉽지 않은 일이다.

일본에 돌아온 내가 "가구가 많은 건 가난하다는 뜻이다. 도리어 가구가 없는 게 여유 있다는 증거"라고 말하자 직원들은 모두 어리둥절한 표정이었다. "저희 가구점 아닌가요?" 하고 되묻는 이들도 있었다.

하지만 미국이라고 처음부터 시장이 지금과 같은 형태였을 리는 없다. 미국의 시장이 변화해나간 양상을 잘 살펴보면, 일본도 뒤늦지 않게 그 움직임을 따라갈 수 있으리라 생각했다.

나는 일본의 가구 시장이 종국에는 미국과 같은 형태가 될 것이라는 전제로 상품 구성을 조금씩 바꿔나가며 사업을 진행했다. 그때부터 이미 시어스나 레비츠(Levitz) 등을 위시한 미국의 대형 유통업체와 가구업체에서는 가구만이 아니라 커튼, 카펫 등 실내 인테리어 관련 제품도 취급하고 있었다. 여기에 착안해 니토리에서도 카펫이나 커튼 등을 취급하기 시작했다.

하지만 모든 일이 생각대로 술술 풀리지는 않았다. 노하우도 없었고, 매장도 한정적이었기 때문이다.

나는 먼저 카펫부터 손대기 시작해서 다음에는 커튼을 매장에 구비했다. 커튼이나 카펫 모두 처음에는 적자였지만 3~4년 정도 지속하다 보니 흑자로 돌아서기 시작했다. 그런 뒤에는 또다시 새로운 품목을 하나씩 추가했다. 그렇게 3~5년마다 2~3퍼센트씩 새로운 제품을 추가하는 방식으로 취급 상품의 폭을 서서히 넓혀나갔다.

'상품 구성에 변화를 주자'고 말하긴 쉽지만, 막상 실행하면 상당히 고된 작업에 부닥치게 된다. 시간과 비용도 물론 많이 든다. 그래서 담당자들은 되도록 이런 과제로부터 시선을 돌리며 '좋은 게 좋은 거'라는 식으로 대충 넘어가기 쉽다. 앞날을 보여주는 비전이 없는 경우는 십중팔구 그렇다.

그러나 수십 년 뒤의 비전을 확실히 머릿속에 그리고 '언젠가 반드시 이렇게 될 것'이라는 확신을 가지면, 아무리 힘들어도 그 비전에 맞춰 움직일 수 있다.

기업의 미래를 결정짓는 '역산 경영법'

처음 미국 시찰 여행을 다녀온 뒤 40년의 세월이 지났다. 당시 나와 동행했던 업체들 중에 지금까지 남아 있는 건 니토리와 가나가와(神奈川) 현의 가구 소매점 타이쇼도(大正堂) 정도다. 다른 곳은 모두 대기업에 흡수, 합병되면서 기업 재편이 이뤄졌거나 도산으로 아예 자취를 감추어버렸다. 이는 '20~30년 뒤 일본이 어떻게 될지, 그때 나는 무엇을 해야 할지'를 규정하는 나름의 비전이 없었기 때문이다. 그 비전에서부터 거슬러 계산해, 지금 무엇을 해야 할지 그리는 워크 디자인(work design)을 실행하지 못했던 것이다.

가구업에 종사하는 사람이라면 몇 차례씩 미국에 다녀오는 경우가 흔했을 것이다. 하지만 어느 곳도 니토리만큼 성장하지 못했다. 그건 아마도 발상 자체가 달랐기 때문이리라. 명확한 미래상을 설정하고, 그 모습이 되기 위해 무엇을 해야 할지, 또 얼마만큼의 돈과 시간이 필요한지를 계산하는 이들은 드물었다. 그리고 무엇보다 '일본의 주거 문화를 미국이나 유럽 수준으로 풍요롭게 만들자'는 큰 뜻이 타사에는 없었다. 그것이 바로 40년 후의 차이를 만든 원인이다.

'미래의 비전을 바탕으로 역산해서 현재 실행할 사항을 결정하는' 방식은 일상의 다양한 면면에도 응용할 수 있다. 누구든 성공하고 싶다면 그 습관에 익숙해져야 한다.

예를 들어 광저우교역회 같은 거대한 전시장에서 자사의 새 모델이 될 유력한 상품을 찾는다고 해보자. 전시회에서 업체별 부스의 폭은 3.6미터 정도밖에 안 되며, 모두 수천 개에 달하는 업체들이 참여하고 있다. 전시회 기간은 5일 정도로, 발걸음을 서두르지 않으면 기간 안에 전체 부스를 둘러볼 수 없다. 나는 보통 다른 직원들보다 늦게 출발하지만, 어느 순간 보면 늘 내가 맨 앞을 걷고 있다.

이는 직원들이 계산을 제대로 하지 않았기 때문이다. 하나의 부스에서 괜찮은 상품을 발견하면 거기에 시간 대부분을 써버려 결국 전체의 몇 분의 1밖에 보지 못했다는 이들이 속출한다. 하지만 나는 일단 모든 부스를 한 번씩 훑어봐야 한다고 생각하기에, 어느 정도의 속도로 관람을 해야 할지 미리 가늠하고 그 페이스대로 걷는다.

먼저 큰 목표를 생각하고 주어진 시간을 고려한 뒤, 지금의 위치에서 무엇을 해야 할지 파악하는 사고의 수순을 거치면 어느 정도의 속도로 걸어야 할지는 자연스레 정해진다.

미래를 바탕으로 현재를,
전체를 통해 부분을 정해나가라

미래를 바탕으로 현재를, 전체를 통해 부분을 정해나간다. 이것이 바로 '니토리 스타일'이다.

어떤 사안을 진행할 때 가장 중요한 것은 '방향'이고, 그다음이 '방법'이다. 뭔가가 잘못됐다면 일단 방향부터 점검해야 한다. 만약 방향이 올바른데도 일이 잘 진행되지 않았다면 다음으로 방법을 바꿔본다. 방법도 문제없다면 이번에는 순서를 달리해보아야 한다. 이처럼 조직의 리더는 '무엇이 근본이 되는지'를 먼저 확실히 파악할 책임이 있다.

사안의 근본이라는 건 사실 눈에 보이지 않는다. 표면적인 사항들은 겉으로 드러나 있기에 누구나 알 수 있다. 그것을 바꾸는 게 '개선'이다. 그런데 개선만으로는 문제가 해결되지 않는다. 문제를 실제로 해결하기 위해서는 표면이 아니라 사안의 근본을 꿰뚫어보고 그곳을 바꿔야 한다. 그것이 바로 '개혁'이다.

더불어 사안을 보는 관점도 중요하다. 뭔가를 시작할 때는 우선 전체를 보고 판단을 내려야 한다. 전체를 본다는 것은 결코 간단한 일이 아니다. 그래서 많은 사람들이 전체를 조망하기 전에 눈앞의 세부적인 사안에 매몰되어버린다.

이런 상황을 흔히들 '숲을 보지 못하고 나무만 본다'고 한다. 눈앞에 커다란 나무가 있을 때, 세상 사람들의 90퍼센트는 그 나무의 전체 모습이 아니라 잎이나 가지를 본다. 나머지 10퍼센트의 경우 나무는 눈에 들어오지만, 그 주변의 숲까지 시선이 닿지는 못한다.

만약 어떤 이가 숲을 보고 '나도 이런 숲을 만들고 싶다'고 생각해, 한 그루 한 그루 나무를 심는다면 상당히 높은 수준에 도달했다 할 것이다. 그런데 세상에는 숲이 아니라 산을 보는 사람도 있다. '한라산 같은 산을 꾸미고 싶은데, 그러려면 숲을 어떻게 구성해야 할까'를 생각하는 것이다.

내 경험상 나무가 아니라 숲을 만들려는 이는 열 명 중 하나, 산을 만들려는 이는 100명 중 하나 정도 된다. 그렇게 폭넓은 사고방식 없이는 절대 성공할 수 없다. 나뭇잎이나 가지만 바라보는 이들은 대개 성공으로 가지 못한다.

그러므로 전체를 조망하고 어느 방향으로 나아갈지 결론을 내리라. 그것을 머릿속에 확고히 심어놓고 이후에는 그 방향으로 갈 방법에 대해 생각하고, 이를 위한 수순을 그린다.

이때 또 한 가지 중요한 것이 다면적인 관점이다.

사람들은 보통 자신이 서 있는 장소에서만 사안을 보곤 한다. 그러나 의식적으로 상대방의 입장이나 제3자의 자리에 서보려 해야 한다. 같은 장소, 같은 높이에서만 바라보면 평면적이고 1차원적인 광경만 눈에 들어오게 된다.

세상일이란 평면이 아니라 입체로 이뤄져 있다. 밥그릇 하나를 봐도 정면에서 보는 것과 위에서 내려다보는 것, 그리고 아래서 올려다보는 모습이 모두 다르다. 한 가지 모습밖에 모른 채 상황에 대처하게 되면, 도중에 생각지도 못한 국면에 맞닥뜨려 이러지도 저러지도 못하는 사태가 벌어질 수 있다. 그래서 어떤 문제든 다면적으로 다뤄, 하나의 입체로서 정확한 형태를 파악하는 과정이 꼭 필요하다. 그런 뒤에 대처 방법을 생각하도록 하라.

리먼 쇼크도 예측한 '관점의 원칙'

많은 회사들이 장기 계획을 세우지만 그저 '그림에 떡'으로 끝나는 경우도 흔하다. 이는 경영자가 사업 환경의 변화를 제대로 파악하지 못했기 때문이다.

예를 들어 2008년 발발한 리먼 쇼크(미국의 비우량주택담보대출이 무너지고 투자은행 리먼브라더스가 파산 신청을 하면서 촉발된 세계적인 금융 위기 현상-옮긴이)로 많은 기업들이 적자에 빠지거나 매출이 큰 폭으로 감소했다. 하지만 니토리는 2008년, 그리고 리먼 쇼크의 영향이 강하게 반영된 2009년 모두 매출과 이익 증가를 기록했다.

물론 우연은 아니다. 사실 나는 리먼 쇼크 같은 큰 사건이 터질 것이라고 미리 예측했다.

니토리에서는 매년 수백 명의 임직원을 대상으로 미국 연수를 실시하며 나도 거기에 동행한다(지금은 회사 규모가 커져 연간 900

명 정도의 인원이 참여한다). 현지에서 우리는 다양한 지역의 주택들을 두루 살펴보는데, 2000년대 들어 미국의 주택 가격이 급등하는 게 보이기 시작했고 불과 몇 년 만에 세 배 수준으로 뛰어올랐다.

나는 '거품으로 가격이 오를 때는 원래의 세 배가 한계치'라고 생각한다. 그 수준을 넘어서면 한껏 부풀어 오른 거품이 터지고 만다. 이는 동서고금을 막론하여 통용되는 원칙이다. 일본에서도 1990년 주식시장 버블이, 1992년에는 부동산 버블이 붕괴되었다. 이렇게 오르다가 떨어지고, 떨어지다가 오르는 과정은 끝없이 반복되는데, 이를 수식화하면 미래를 예측할 수 있다.

나는 2008년 연초에 '미국 주택 버블이 조만간 붕괴되어 세계 경제가 어지럽고 혼란스러워질 것'이라 판단해 외채를 모두 팔아치웠다. 그리고 여유 자금을 보유해 불경기에 대비했다.

이후 2008년 9월 정말로 리먼 쇼크가 발발했다. 이에 우리는 분기별로 여덟 차례에 걸쳐 상품 가격 인하를 단행했다. 불경기에 대비해 미리 가격 인하를 준비하고 있었기에 가능한 일이었다. 덕분에 소매업 전체의 매출이 하락하는 와중에도 니토리는 거꾸로 매출이 상승할 수 있었다.

2012년부터는 급격한 엔저 현상이 시작되었다. 리먼 쇼크 후 한때 달러당 80엔의 환율이 무너져 77~78엔에 이르는 엔고를 맞은 적도 있었지만, 2012년부터 그 흐름이 역전되어 2013년에는 달러당 105엔까지 상승했다.

해외에서 제품을 생산해 국내로 수입하는 니토리로서는 굉장히 부담스러울 수밖에 없었다. 엔화 가치가 1엔 떨어질 때마다 14억 엔(약 140억 원)의 손해가 발생하는 상황이었다. 이 상황에서 나는 엔저 현상을 예측하고 사전에 환헤지(환율 변동에 따른 위험을 없애기 위해 현재 수준의 환율로 수출이나 수입, 투자에 따른 거래액을 고정시키는 것-옮긴이)를 하여 조금이라도 손해를 줄일 수 있었다.

2013년 연 평균 환율이 달러당 105엔이었던 때 우리는 달러당 92엔으로 환헤지했으니 무려 13엔 차이였다. 만일 이런 조치를 해놓지 않았더라면 그해에만 156억 엔(약 1,560억 원)의 손실을 입었을 것이다. 2014년, 환율이 달러당 122엔일 때는 23엔 차이인 99엔으로 환헤지하여 무려 322억 엔(약 3,220억 원)의 손실을 막을 수 있었다. 같은 방법으로 2015년에는 환헤지를 통해 360억 엔(약 3,600억 원)의 손실을 미연에 방지했다.

'사업 환경의 변화를 예측하고, 적절한 계획을 세울 수 있느냐'에 따라 회사의 운명이 달라진다. 미래를 조망하는 것이 곧 경영자의 일이다. 경쟁이 치열한 환경에서는 한 발자국 더 앞을 내다보는 자가 결국 승리하는 법이다.

기한 있는 목표의 힘

'큰 뜻'이란 궁극적인 지향점이자 언제까지나 바뀌지 않는 것이다. 반면에 '비전'은 10~20년 동안 지속적으로 변화한다. 매일매일의 경험이 쌓여 비전에 반영되며 봄, 여름, 가을, 겨울의 흐름에 따라 달라지기도 한다.

큰 뜻과 비전이 중요한 건 비단 회사만이 아니라 개인이나 국가의 경우도 마찬가지다. 월급쟁이였을 때 나는 큰 뜻도, 비전도, 의지도 없었다. 그저 '한 달 한 달 월급 받아서 혼자 먹고 살면 그만'이라고 생각했다. 하던 대로만 하면 큰 문제는 없을 것이라는 안일한 생각으로 지내다가 결국 회사에서 잘리고 말았다.

그건 '언제까지 어떻게 되고 싶다'는, 기한 있는 목표 자체가 없었기 때문이다. '도쿄 본부 아래의 삿포로 지사에서 영업매니저가 되겠다'는 목표 정도만 있었더라도 조금은 달랐을지 모른다.

10년 뒤의 목표를 구상하는 게 어렵다면, 적어도 1년 뒤의 목표는 가져야 한다. 1년 후까지 이룰 목표를 세웠다면 이제 그것을 분기별로, 또 각 분기를 13개의 주 단위로 쪼개어 세분화된 목표를 설정하고 하나씩 성취해나간다.

국가도 비전을 가져야 한다. 하지만 나는 어떤 정치인에게서도 20년 뒤의 비전을 들어본 적이 없다. 예를 들어 일본의 경우 정부가 안고 있는 1,000조 엔(약 1경 원)의 국가 부채를 언제까지 어떤 방법으로 줄여나갈 것인지, 이를 위한 명확한 비전과 설계를 보여주고 국민들에게 무엇을 요청할지를 분명히 한다면 아마 대부분의 국민은 참고 견딜 것이다. 그렇게 하지 못하는 건 정치인들에게 비전이 없기 때문이다. 그저 근시안적인 방안으로 그때그때 상황만 모면하기 바쁘다.

20년, 혹은 그 이상의 기간에 대해 계획을 세우고 그 비전을 달성하기 위한 방법을 고민하는 습관은 누구에게나 필요하다. 비전으로부터 거슬러 계산하여 눈앞의 목표를 세우고, 목표를 성취하기 위해 지금을 어떻게 보내야 할지 고민하다 보면 한순간도 무의미하게 흘러가지 않을 것이다.

니토리는 현재 '2022년 국내외 1,000개 매장, 1조 엔(약 10조 원) 매출', '2032년 국내외 3,000개 매장, 3조 엔(약 30조 원) 매출'이라는 원대한 비전을 들고 있다. 이 비전을 실현하기 위해 2007년 대만 가오슝에 첫 해외 매장을 출점했고, 이후 대만 여러 지역에 24개 매장을 연달아 오픈했다. 2013년에는 체인스토어 산업의 본고장인 미국 로스앤젤레스 교외 지역 출점에 성공했으며, 이듬해인 2014년에는 중국에서도 영업을 시작했다.

지금까지 리먼 쇼크나 엔저 같은 역풍이 닥칠 때마다 우리는 그것을 견디며 조금씩 성장했고 또 멋지게 극복해냈다. 앞으로의 비전 또한 반드시 달성하리라 믿는다.

3장

의지.
의지는 마음이 아닌
정교한 습관이다

NITORI

크고 먼 비전에서 의지가 생겨난다

의지가 중요하다는 것은 누구나 안다. "나도 의지는 있어"라고 자신만만하게 말하는 사람들도 많다. 하지만 흔히들 가볍게 얘기하는 '의지'는 진정한 의지가 아니다. 큰 뜻도, 비전도 동반하지 않기에 공허할 뿐이다.

의지에는 반드시 수치가 포함되어야 한다. 예를 들어 '앞으로 이익을 높이겠다'고 말할 때와 '이익을 100배로 높이겠다'고 말할 때, 각각에서 드러나는 의지의 의미는 전혀 다르다. 여러분은 지금보다 100배 높은 목표를 성취하겠다는 의지가 있는가? 대부분의 사람들이 수치를 배제한 채 생각하기에 '의지쯤은 나도 있다'고 착각하는 것이다. 단지 '의지'라고만 말하는 건 지나치게 추상적이다.

내가 처음 30년 계획으로 세운 비전은 '30년간 30개 매장을 여는 것'이었다. 하지만 아쓰미 선생에게 "그것으로는 부족하다"는 이야기를 듣고 '100개 매장'으로 목표를 조정했다. 사실 나도 처음에는 반신반의했지만 의지를 가지고 최선을 다한 끝에 결국 목표를 달성할 수 있었다.

평소대로 해서 도달할 수 있을 만한 목표를 비전이라 하지 않는다. 지금처럼 해서는 절대 달성할 수 없는 목표가 비전이다. 그리고 그것을 '어떻게든 달성하겠다'고 생각하는 것이 의지다.

사람을 위해, 세상을 위해 세운 수치는 거대하다. 그래서 '100배 발상'이 필요한 것이다. '현재 수준의 100배를 달성하겠다'는 결의는 의지가 될 수 있지만 '현재보다 20퍼센트 성장하겠다'는 생각은 단순한 바람이나 욕구에 지나지 않는다. 만일 비전이 없다면 회사의 성장 속도는 기껏해야 '10년에 두 배 정도'로 그칠 것이다.

니토리의 경우 5년에 2배, 10년에 4배 정도의 속도로 성장해왔다. 그렇게 하지 않으면 절대 달성할 수 없는 비전을 세우고, 그 목표를 향해 진력했기 때문에 가능했던 일이다.

비전이 크고, 또 멀리 있을 때 의지는 상승한다. 비전이라 하면 3년, 혹은 5년 정도 후를 내다보는 것이 보통이다. 만약 불과 몇 년 뒤의 미래를 기준으로 자신의 위치를 가늠하고 계획을 세운다면, 설령 목표가 실현된다 해도 보이는 경치에는 큰 변화가 없을 것이다.

니토리 전체 매장이 삿포로 지역 두 곳밖에 없던 시절, 그 두 배에 해당하는 4개 매장을 목표로 삼았다면 별반 주목을 받지 못했을 것이다. 청사진의 크기가 작으면 의지도 그 수준에서 멈추게 된다. '10년에 두 배'라는 비전을 세운다면 그 정도 목표를 이룰 만큼만 의지가 생기는 것이다.

하지만 20~30년 뒤의 비전이라면, 게다가 그 목표가 현재의 10배, 100배에 달한다면 그곳에 도달했을 때 현재와는 차원이 다른 경치가 펼쳐지게 된다. 지금은 매장이 두 곳뿐이더라도 그 100배면 200개의 매장을 운영하게 된다. 이 정도면 삿포로는 물론이고 홋카이도 전체를 대상으로 해도 모자라다. 어떻게든 일본 전역에 진출해야 하고, 이를 위해선 시야 자체가 나라 전체에 이르러야 한다.

실제로 바로 이 지점에서 나는 '일본 전역에 매장을 연다'는 이미지를 떠올렸고, 반드시 그렇게 해내고 말겠다는 의지를 갖게 되었다. 이것이 곧 진정한 의지이다.

아쓰미 선생에게 '어느 정도 규모면 국민들의 삶에 공헌할 수 있을지'를 물은 적이 있다. 그때 선생은 "일본 전역에 500개 매장"이라고 답했다. 또 덧붙이기를 "인구 수 50만이 넘는 도시 전체를 목표로 삼으면 500개 이상의 매장이 가능하다"고 했다. 현재 니토리는 일본 내에 400개 매장을 두고 있다. 이제 목표까지 얼마 남지 않았다. 그리고 500개라는 수치를 달성한 뒤에는, 또 다시 이뤄야 할 더 큰 비전이 기다리고 있다. '사람을 위해, 세상을 위해'라는 비전은 끝이 없는 법이다.

워크 디자인, 비전에 정밀한 날개를 다는 작업

의지를 높이기 위해서는 원대한 비전을 설정하는 동시에, 그것을 지금 노력하면 달성할 수 있는 친숙한 목표로 전환할 필요가 있다. 다시 말해, 심리적 장벽을 낮추는 것이다.

나는 매일 아침 한 시간씩 30~40명의 매니저들과 회의를 한다. 특히 월, 화, 수, 주 3회는 각 부문 책임자 5~6명이 돌아가며 한 사람당 10분씩 발표를 한다. 한 주간의 실적에 대해 관찰하고, 분석하고, 평가하는 시간을 갖는 것이다. 니토리는 '위클리 매니지먼트(weekly management)'라 불리는 주 단위 결산 시스템을 채용하고 있다. 이에 따라 매주 월요일에는 전주의 결산 수치를 확인할 수 있다.

'30년 계획'이라는 커다란 비전은 다음과 같은 형태로 세분화된다. 30년 계획→10년 계획→3년 계획→1년(52주) 계획→분기(13주) 계획→주별 계획. 여기서 1년을 52주로 나누어 매장별, 지역별, 상품별 실적을 산출해서 상황을 체크한다. 연간 목표를 달성하기 위해 매주 세부 목표 수치를 관리하는 것이다. 우리는 이를 '워크 디자인(work design)'이라 부른다.

아마 이렇게까지 하는 회사는 거의 없을 것이다. 회계 및 경영 시스템을 외주에 맡겨서 처리하는 구조에서는 이렇게 매주 결산을 하는 것이 불가능하다. 우리가 주차(週次) 결산을 유독 강조하는 이유는, 월차 결산의 경우 문제가 발생했을 때 그만큼 대응이 늦어지기 때문이다.

대부분의 회사는 결산을 월차로 하며, 1개월분의 수치가 나오는 것도 보통 다음 달 5일이나 10일쯤은 되어야 한다. 하지만 그렇게 결산이 늦어지면 영업에 어떤 문제가 있더라도 그 달 내로 즉각적인 대책을 세울 수가 없다. 아무리 빨라도 다음 달은 되어야 한다. 문제가 있다는 것을 늦게 알아차리게 되면 계속 문제의 뒤꽁무니만 쫓아다닐 수밖에 없다.

게다가 월차 결산을 하면 한 달의 영업일수가 30일, 31일, 2월의 경우 28일로 저마다 다르다. 요일 구성도 매번 달라지기 때문에 정확한 비교를 할 수 없다는 문제가 생긴다. 그에 비해 주차 결산의 경우 영업일수와 요일이 항상 동일하기 때문에 100년, 아니 1,000년이 지나도 어긋나지 않는다.

니토리의 연간 계획은 52주를 기반으로 하며 분기별로 13주 계획을, 또 각 주마다 '단원(単元)'이라는 계획안을 마련한다. 각각의 주마다 실천할 사항들을 미리 작성하는 것이다. 사람에 따라, 직무에 따라 다르지만 1년이면 한 직원이 적어도 300~400단원, 많게는 600~1,000단원 정도를 구상하게 된다. 더불어 매니저들은 매주 리포트를 제출하여 업무에 관한 세부적인 관찰과 분석, 평가를 하도록 한다.

문제가 생겼을 때는 원인이 되는 '사실'을 먼저 확인해야 한다. 실제로 현장에 나가서 문제를 직접 파악하라는 것이다. 그렇지 않고 탁상공론식 논의에만 그친다면 현실과는 동떨어진 생뚱맞은 답을 내놓게 된다.

무엇이 문제이고 무엇이 과제인지를 알기 위해서는, 머리로 생각하기 전에 실제로 겪어보는 것이 중요하다. 진짜 문제는 현장에서 직접 몸으로 부딪혀가며 알아낼 수 있다. 그렇기 때문에 일이 벌어지고 있는 현장으로 가서 자기 눈으로 확인하는 습관을 익히는 것이 필요하고, 또 중요하다.

사실을 확인하고 문제가 무엇인지, 왜 그렇게 되었는지를 파악한 뒤에는 이에 기반해 개선책, 또는 개혁안을 도출한다. 개혁안이란 기존 방법을 뒤집는 완전히 새로운 방식을 말한다. 개선책은 그 주 동안, 늦어도 다음 주 정도면 나오지만, 더 근본적인 개혁안의 경우 도출하기까지 몇 주, 혹은 몇 달이 걸리기도 한다.

매주 보고하는 리포트에는 '1년 뒤 어떻게 되어야 하는지'를 반드시 적도록 한다. 주간 보고를 하면서 내년 계획을 미리 세우는 것이다. 그리고 이듬해가 시작되기 전, 그 내용들을 모아 수백 단원을 담은 1년 치 계획을 완성한다. 사전에 세워둔 이 같은 계획 없이 그때그때 상황에 따라 즉흥적으로 일을 처리하면 쓸데없는 작업이 많아져 시간을 낭비하게 된다.

각 매장에서도 '주 단위 작업 계획'을 세운다. 점장이 작성하고, 플로어매니저나 부점장이 이를 돕는다. 니토리는 다양한 시행착오를 통해, 컴퓨터를 이용한 주차 결산 시스템을 만들었다. 게다가 이와 병행해, 당초 대형 컴퓨터를 사용한 시스템을 개인용 PC로도 이용할 수 있는 구조로 바꿨다. 만만치 않은 작업이라 시스템 구축에만 장장 10년이 걸렸다.

단순한 시스템으로는 '어느 부문, 어느 상품에 문제가 있는지'를 찾을 수 없다. 명확한 수치로 상황을 파악하려면 몇 십 가지 품목, 1만 가지 이상의 제품 하나하나에 대해 주 단위로 수치를 도출할 수 있어야 한다. 이것이 가능한 시스템을 만들기 위해 니토리는 10년 이상의 시간을 투자한 셈이다.

팔라고 요구하지 말고
팔리는 시스템을 제공하라

아쓰미 선생이 말하는 체인스토어 이론에서는 '시스템화'가 중요한 키워드였다. 비즈니스에 관계된 모든 요소를 표준화시켜 누구든, 언제, 어디서든 동일한 작업을 할 수 있도록 한다는 것이다. 이를 위해 각 매장별로 제품 가격, 품질, 상품 구색 등을 일정하게 하여 업무 방식을 통일한다.

중요한 것은 직원 한 명 한 명에게 '파는' 노력을 요구할 것이 아니라, 회사 차원에서 '팔리는' 시스템을 만들어 제공해야 한다는 점이다. 다시 말해 '돈을 버는' 게 아니라 '벌리는' 상태를 만들어야 한다.

예를 들어 어떤 직원이 오랜 시간을 들이고 각고의 노력을 다해 매출을 올렸다 해보자. 다른 직원들이 "난 저렇게까지 못할 거 같다"며 지레 포기하다면 제한적인 효과로만 끝나고 만다. 그렇게 누구 한 사람의 시간이나 노력에 의존하지 않고, 다른 인력으로 대체하더라도 동일한 성과를 거둘 수 있는 시스템을 만드는 것이 요지다.

나는 '시스템이란 곧 좋은 습관'이라고 생각한다. 나쁜 습관은 찾아내어 제거하고 좋은 습관을 만들어 확대함으로써 회사 전체에 이식한다. 이것을 흔히 '기업 문화'라 부른다.

나는 페가수스클럽에 가입하기 전까지 수치를 이용해 경영한 적이 없었다. 이러면 경영 실태가 추상적이 되어 파악하기 어려워진다. 자연히 낭비와 실수도 뒤따른다. 그런 나쁜 습관을 바꾸기 위해 나는 "수치가 들어가지 않은 대화는 업무가 아니라 수다일 뿐"이라고 단언했다. 더불어 "앞으로 업무와 관련된 논의를 할 때는 무조건 수치를 포함해서 이야기하라"고 지시했다. 지금은 무엇이든 수치를 통해 말하는 것이 니토리의 문화가 되었다.

시스템을 구축하는 데는 상당한 시간이 걸린다. 하지만 꼭 필요한 좋은 습관을 정착시키기 위해서는 10년, 20년의 시간이 걸리더라도 꾸준히 요구하고 개선하는 수밖에 없다. 그저 생각나는 대로 일하고, 상황이 흘러가는 대로 놔둬선 안 된다. 무엇보다 도중에 포기해서는 안 된다. 그것이 가능해질 때까지 끈질기게 시도하고 지켜보는 노력이 중요하다.

사람은 원하는 크기만큼 성장한다

니토리 창업 이래 내 과제 중 하나는 '좋은 회사, 임직원이 즐겁게 일할 수 있는 회사를 만드는 것'이었다. 고객의 기쁨만큼이나 직원들의 행복도 내게는 고민할 거리였다.

2016년 6월 경제지 〈주간동양경제(週間東洋経済)〉가 전국의 대학생들을 대상으로 설문조사하여 '졸업 후 취직하고 싶은 회사 300곳'을 선정했는데 니토리는 남·여 학생들의 선호도에서 각각 19위와 53위를 기록했다. 종합 순위에서는 대형 광고에이전시 덴츠(電通)나 동일본여객철도(東日本旅客鐵道), 미쓰이물산(三井物産) 등 일본을 대표하는 기업들과 앞을 다투며 34위에 올랐다. 다른 신문사와 취업정보사이트의 조사 결과도 비슷했으며, 기쁘게도 유통업계에서는 압도적인 1위를 차지했다. 앞으로 우리의 목표는 '종합 베스트 10위' 안에 들어 니토리만이 아니라, 유통업계 전체의 이미지를 끌어올리는 것이다.

학생들이 가고 싶은 회사가 되려면 일단 근로 조건이 좋아야겠지만, 그 이상으로 '미래에 꿈과 희망이 있는가'도 중요하다. 그리고 이를 위해서는 역시 큰 뜻과 비전이 필요하다.

각 개인들은 회사를 통해 자신의 성장을 느낄 수 있어야 한다. 앞서 말한 시라이 사장 같은 세대는 젊은 시절부터 나와 함께 체인스토어 이론을 하나하나 공부하며, 본인들의 손으로 이를 실현해왔다. 그것은 곧 일하는 즐거움으로 이어졌다. 작은 성공의 체험이 쌓이며 회사와 함께 성장하고 발전하는 것을 실감할 때 더 큰 의욕이 생겼던 것이다.

회사가 성공하는 것도 중요하지만, 가장 소중한 것은 역시 나다. 그래서 회사나 사장을 위해서 일하는 곳이 아닌, 자기 자신이 성장하는 장으로 느낄 수 있는 일터를 만들고 싶었다. 여기서도 큰 뜻과 비전을 공유한다면, 회사가 발전하는 길과 직원들 개개인의 성장하는 방향은 서로 어긋나는 일이 거의 없다.

한편으론 직원들마다 회사의 비전과는 별도로 각자의 비전이 있었으면 한다. 그러니까 20년 뒤나 30년 뒤 자신이 어떤 모습이기를 바라는지 머릿속에 그리고 그것을 위해 한걸음씩 나아갔으면 한다.

그런 의미에서 니토리의 직원들은 '커리어 설계시트'라는 것을 작성한다. 30년 뒤 자신이 바라는 미래의 모습을 그려보고, 그 미래로부터 역산해 10년 뒤, 5년 뒤, 3년 뒤, 1년 뒤 본인이 도달해야 할 단계를 생각하는 것이다. 각 단계에 자신이 맡을 직위나 업무 등, 실적 관련 사항들도 구체적으로 적어본다. 이것은 곧 '특정 나이가 되었을 때는 어느 정도의 연봉을 받고 싶다'는 소득에 관한 인생 계획과도 직결된다.

사실 커리어 설계시트 제도를 실시하기 이전에도 임직원들에게 '개인의 목표를 각자 적어 내보라'고 권한 적이 있었다. 그런데 이구동성으로 '알겠다'라고만 대답할 뿐, 제대로 작성한 사람은 열에 하나 될까 말까 했다. 그래서 10년 전쯤부터는 구성원들 모두가 의무적으로 이 시트를 작성하도록 했다.

이후 시간이 흐르면서 한 가지 재미있는 사실을 발견할 수 있었다. 실제로 성장이 더딘 사람들은 시트에 기재된 10년 뒤 목표도 작은 경향이 있었다. 30세 직원의 10년 뒤 목표가 점장이라면 어쩐지 심심하다. 더구나 '총괄 매니저' 정도라면 목표를 다시 한 번 고민해보는 게 좋다고 생각한다.

10년 뒤 목표는 가급적 크게 가져야 한다. 회사를 위해서가 아닌 본인의 성장을 위해서라도 목표는 원대해야 한다. 나는 가능하면 모든 이들이 니토리의 사장직을 꿈꿨으면 한다. 그리고 더 많은 도전에 적극적으로 임했으면 한다. 20대나 30대의 실패는 어떤 것이든 충분히 용인될 수 있다. 실패하더라도 회사가 책임을 지면 그뿐, 털고 일어나 다시 한 번 도전하면 된다.

느려도 좋다, 멈춰 서지 말라

━━

니토리가 실시하는 사내 제도 중 '배치전환 교육'이라는 것이 있다. 한 직원이 여러 부서를 이동하면서 다양한 업무를 배우도록 하는 것이다.

이 제도를 시작한 건 40년 전, 페가수스클럽에서 조직론을 배운 것이 계기가 되었다. 아쓰미 선생은 직원들이 새로운 지식이나 기술을 익히도록 18개월마다 부서를 순환하게끔 하라고 말했다.

하지만 특별히 우수한 몇몇을 제외하면 새로운 업무에 즉시 적응하여 조직에 보탬이 되는 경우는 드물기 때문에, 18개월이라는 주기는 비효율적인 측면이 있다. 그래서 니토리의 경우 한 부서에서 2~3년 정도는 머무르도록 한다.

배치전환 교육의 한 가지 효과는, 각자에게 감춰진 장점을 발견할 수 있다는 것이다. 다양한 일을 맡겨보면 하나의 업무만 할 때는 잘 보이지 않던 새로운 강점이 드러나곤 한다. 직원 한 명 한 명은 저마다 성향이 다르고 능력 및 기술 수준도 다르다. 그 사람에게 정말로 무엇이 맞는지는 과거의 경험만으로는 알 수 없다. 특정 분야의 전문가, 즉 스페셜리스트를 지망하는 사람에게 다양한 업무를 총괄하는 매니저 업무, 즉 제너럴리스트를 경험케 해보는 것도 다 그런 이유 때문이다.

나는 가구점을 처음 운영했을 때 손님을 상대하는 능력이 너무 부족해서 그 부분을 아내에게 맡겼다. 대신 제품 매입이나 배송 일을 전담하면서 '아, 내가 이쪽 일에는 능력이 있구나.' 하는 사실을 깨달았다.

사람에게는 누구나 장단점이 있다. 단점은 본인을 포함해 누구든 알 수 있다. 만약 사람 대하기를 힘들어한다는 내 단점을 아내가 보완해주지 못했다면 우리 사업은 진즉 망했을지 모른다. 사실 나는 지금도 접객이 쉽지 않고, 때로는 긴장해서 맥박 수가 급격히 빨라지기도 한다. 업무와 관계없는 이들과만 편안하게 교류를 나누는 정도다.

또 다른 단점도 있다. 덤벙거리는 편이라 물건을 자주 잃어버리거나 바지 지퍼 올리는 걸 깜빡할 때도 있다. 더 심각한 단점은 뭔가를 잘 기억하지 못한다는 것이다. 바로 어제도 그 문제로 어려움을 겪었다.

도쿄 본부에 20대 몽골인 여직원이 있다. 사실 일본인이 보기에 몽골인과 중국인은 상당히 닮았다. 물론 인상이 조금씩 다르긴 하지만, 그녀는 특히나 중국인에 가까운 분위기였다. 나는 그녀가 몽골인이라는 사실을 듣고도 잘 기억하지 못했다.

어제도 환영회 자리에서 그 직원이 몽골인이라는 사실을 깜빡하고 "이 친구는 중국 사람"이라고 소개해버렸다. 그러자 그녀는 "아닙니다. 저는 몽골인이에요"라고 밝힌 뒤에 이렇게 서운한 소리를 덧붙였다. "제가 그동안 몇 번이나 말씀드렸는데 전혀 기억이 안 나시나봐요. 회장님, 혹시 제가 싫으신 건 아니죠?" 나는 아차 싶어서 솔직히 사과를 했다.

정말로 나는 직원이나 고객들의 얼굴을 잘 기억하지 못한다. 사람 이름도 몇 번씩 보고 들으며 일정 시간을 거쳐야 간신히 기억할 정도다. 그래서 행사나 연회 자리에 참석했다가 당황할 때가 종종 있다.

일전에도 어느 연회 자리에서 으레 하듯이 식전에 사람들과 명함을 주고받았다. 그리고 몇 분 뒤 같은 사람에게 또다시 명함을 건네며 "처음 뵙겠습니다." 하고 인사를 했다. 그 사람은 "조금 전에 명함 주셨는데……"라며 난처한 표정을 지었다. 서운한 기색이 역력한 그에게 이후로는 한마디도 건넬 수 없었다.

나는 어릴 때부터 죽 그랬다. '유전 아닐까.' 싶은 마음에 진즉부터 포기했을 정도다. 하지만 사람들은 대개 그런 내막을 모르기 때문에 '이 사람은 나한테 아무런 관심이 없구나.' 하며 상처를 받을지 모른다.

이렇게 단점은 겉으로 드러나 누구나 알아채지만 장점은 본인도 모르는 경우가 많다. 주위에서 유심히 관찰하고 발견해주어야 한다. 니토리에서는 그것이 상사의 역할이라고 말한다.

매니저는 부하 직원의 단점을 짚어내고 불만을 이야기해선 안 된다. 거꾸로 장점을 보고 그 부분을 살려 제대로 활용할 수 있어야 한다. 그렇지 않으면 직원들의 실력이 늘지 않고, 좋은 실적을 기대하기도 힘들어진다. 부하 직원 입장에서 생각해보라. 상사가 자신의 단점을 꼬집어 왈가왈부하며 꾸짖는다면 의욕이 바닥으로 떨어질 것이다. 그런 단점은 굳이 말 안 해도 잘 아니, 자신이 잘하는 부분에 주목해주고 그것을 끌어내주길 바랄 것이다.

배치전환 교육을 진행하다 보면 업무를 파악하는 능력이 떨어져 업무 순환이 늦어지는 경우가 있다. 같은 부서에 몇 년씩 있는 사람은 대개 상사로부터 '성장하지 않는 것'으로 간주된다. 6년 이상 같은 곳에 정체하는 이들도 있는데, 이는 회사의 성장과 방침을 제대로 따라오지 못한다는 의미로 파악한다.

일에 의욕을 보이지 않는 사람에게는 상사가 옐로카드를 꺼내 든다. 물론 옐로카드를 세 번 받더라도 즉시 퇴장시키는 일은 없다. 몇 번이고 기회를 주고 의지를 끌어내고자 한다. 이는 철저히 본인의 마음에 달린 일이다.

성장하는 속도는 조금 늦어도 상관없다. 중요한 건 '성장을 지속하는 일'이다. 조금 느리다고 아예 멈춰 서서는 안 된다.

나도 발전이 더딘 사람이다. 기억력이 떨어지고 수치에 약하며, 토끼처럼 민첩하게 움직이지도 못한다. 하지만 배운 것을 충실히 따르고 걸음을 멈추지 않았다. 노력하는 내 모습에 아쓰미 선생은 "목표보다 조금 늦더라도 어쨌든 나아가기를 멈추지 않는 노력이 중요하다"고 격려했으며, 나는 그 격려가 너무 기쁘고 감사했다.

그러므로 나는 모든 이들에게 이렇게 말하고 싶다. 천천히 가도 좋다고. 그러나 전진하려는 노력만큼은 결코 포기하지 말라고.

책임져주는 상사가 부하를 키운다

나는 니토리의 매니저들에게 "상사는 24시간 부하 직원에게 신경 쓰고, 업무 외의 사생활 상담에도 적극 나서야 한다"고 말한다.

개인적인 일로 고민이 있으면 아무래도 업무에 집중해 전력을 다하기가 힘들다. 그래서 상사들은 부하 직원과 고민을 나누고 조언을 해줄 수 있는 관계를 만들기 위해 부단히 노력해야 한다. 물론 사생활은 남에게 털어놓기가 힘든 부분이다. 특히 남자들은 자신의 약점을 누군가에게 보이고 싶어 하지 않는다.

그래서 거리감 없는 관계를 만들기 위해 평소부터 노력해야 한다. 부하 직원의 고민을 듣게 된다면 머릿속에 기억해뒀다가 나중에라도 문제가 잘 해결되었는지 확인해보라. 그러면 '저 상사가 그래도 나한테 관심이 있구나. 나를 배려해주는구나.' 하고 느낄 것이다.

내 경우, 결혼 초기 아내와 어머니의 사이가 좋지 못했다. 합가해 살면서 아내는 어머니의 시시콜콜한 잔소리를 계속 참았다. 가구점 일과 가사 일까지 병행하면서 밤에 4시간도 채 자지 못하는 날들이 이어지자 60킬로그램 정도 나가던 체중이 어느새 40킬로그램대로 빠졌고, 스트레스 탓인지 수면 중에 이불을 물어뜯어 이불솜이 방 안 여기저기 나뒹굴기도 했다.

아내가 안쓰러웠던 나는 어머니에게 '이제 독립하겠다'고 선언했다. 예전에 어머니는 "독립할 거면 가구점을 시작할 때 빌려간 돈을 다 갚고 나가라"고 얘기한 적이 있었다. 그 돈을 당장 돌려주려면 가게를 접어야 했기에 현실적인 문제 앞에서 늘 고민을 거듭하던 터였다.

하지만 더 이상 기다릴 수 없다는 판단에 아내와 진지하게 상의를 했다.

"나도 이제 한 가정의 가장이고, 당신도 엄연한 안주인인데 어떻게든 해나갈 수 있지 않겠어?"

아내는 내 말에 기꺼이 동의해주었다. 용기를 얻은 나는 어머니에게 당당히 집을 나가겠다고 말했다. 부모 자식 간의 연을 끊어도 좋다 할 만큼 결사적인 심정이었다. 예상대로 어머니는 강력히 반대했지만 결국에는 우리의 뜻을 따를 수밖에 없었다. 오랜 실랑이 끝에 집을 나가도 좋다는 답을 들었고 아내와 나는 마침내 둘만의 살림을 시작했다. 그렇게 가정 안의 갈등이 해소되자 우리는 가게에 한결 더 전념할 수 있었다.

내가 직접 경험하여 깨달은 것처럼, 개인적인 고민이 있을 때는 누구나 사기가 떨어지고 업무에 대한 의욕도 자연히 저하된다. 마음이 피곤하면 생각하는 것 자체가 싫어지게 마련이다.

그래서 나는 상사가 부하 직원들의 업무적인 부분만이 아니라 개인적인 영역에서도 일정한 책임감을 가져야 한다고 믿는다. 부하의 고민을 덜어주는 것도 상사의 중요한 역할 중 하나다. 나 또한 오랜 시간 함께 일한 직원들의 고민을 잘 알고 있다. 아내가 건강이 좋지 않다거나, 아이에게 문제가 생겼다거나, 혹은 본인이 지병이 있을 수도 있다. 때로는 내가 직접 병원을 소개해주기도 한다.

한 명의 직원이 역량 있는 사회인으로 성장하기 위해 상사가 맡은 역할은 매우 크다. 니토리 안에서도 '기회를 주면 분명 잘할 수 있는 사람인데……' 하는 안타까운 마음이 드는 경우가 종종 있다. 그런 기회를 줄 수 있느냐 없느냐는 결국 상사에게 달린 일이다.

다만 이상적인 상사란 아랫사람들이 보기에 마냥 친절한 사람을 의미하지는 않는다. 오히려 상사는 엄격해야 한다. 어려운 과제를 주고 고군분투하는 과정을 애정으로 지켜보며 격려해야 한다. 부하 직원들은 상사가 자신의 진정한 성장을 바라는지, 아니면 적당히 사용하고 버리는 물건처럼 여기는지 바로 알아챈다.

다정한 성격이든, 냉철한 성격이든 모든 상사는 부하 직원에게 도전의식을 심어주고 "실패해도 괜찮다. 책임은 내가 진다"고 말해줘야 한다. 상사가 그런 태도를 보이지 않으면 직원들은 절대로 크지 못한다. '혹시라도 실패하면 상사가 나한테 뭐라고 할지 모르겠다'고 생각한다면 아무런 도전도 할 수가 없다.

의욕을 꺾는 말, "누구 덕에 먹고 사는데!"

───

저마다 개인적으로 다양한 고민거리가 있겠지만 아무래도 부부 사이의 문제가 가장 흔한 듯하다. 내 경험에서 보자면, 대개 남편들의 대처가 미숙한 경우가 많다.

예를 들어 집에 들어온 남편이 바닥에 떨어져 있는 물건을 밟았다고 해보자. '여기다 왜 이런 걸 뒀느냐'고 질책하는 순간 분위기는 차가워진다. 그러지 말고 "아이고, 내가 실수로 밟았네." 하면서 먼저 자신을 숙이면 아내도 곧바로 실수를 인정할 것이다.

나는 부부 사이에 절대로 해선 안 될 얘기 중 하나가 바로 "우리 가족이 먹고 사는 게 다 누구 덕분인데!"라는 말이라고 생각한다. 내 경우 아내가 일하는 것을 늘 찬성했고 실제로 아내는 누구보다 열심히 일했다. 언젠가 아내가 나에게 이렇게 말한 적이 있다. "당신의 좋은 점은 '내 덕에 먹고 사는 줄 알라'는 말을 한 번도 꺼낸 적이 없다는 것"이라고. 만약 그랬다면 진즉에 이혼했을 거라고.

회사 안의 관계도 마찬가지다. 직원들끼리, 혹은 상사와 부하, 사장과 직원 모두 감정적으로 대등하고 평등해야 한다. 만일 사장이 "내가 월급을 주는 사람인데 고마워해야지"라고 말한다면 그 순간 직원들의 의욕은 사라질 것이다. 나부터도 그런 회사라면 차라리 그만두는 게 낫다고 생각한다.

회사와 사장과 직원들 모두는 서로가 서로를 위해 존재한다. 그래서 나는 항상 "우리 직원들 덕에 먹고 산다"고 감사를 표한다. 직원들 중에는 내가 존경할 만한 사람, 배울 만한 사람들이 많다. 그런 의미에서 니토리에서는 말단 직원부터 회장까지 서로에게 ~씨, ~님이라는 호칭을 붙인다. 예를 들어 시라이 사장은 사내 누구든 '시라이 씨'라고 부른다. 평사원이나 매니저, 신입이나 베테랑 직원 모두 서로를 하나의 인간으로서 존중하고 동등하게 대하자는 것이 나의 취지다.

물론 '장'이 붙는 직함에는 일정한 책임이 따른다. 그러므로 업무에 관해선 엄격히 평가하고 필요하다면 지적하거나 화를 낼 수도 있다고 생각한다. 하지만 책임이 무겁다는 것과, 감정적으로 동등한 것은 서로 별개의 문제다.

이는 니토리 내에만 해당하는 이야기가 아니다. 나는 어떤 직업을 가진 사람도 동등하게 대하고자 노력한다. 국경을 넘어 남성과 여성, 할아버지와 어린아이 모두 평등하고 대등하다. 여기에는 어떤 차별도 있어선 안 된다. 특히 사람에 대한 박애의 정신이 없다면 글로벌 환경에서 제대로 된 사업을 영위할 수 없을 것이다.

좋은 궁합은 함께 만드는 것

부부 사이든 상사와 부하 사이든, 모든 관계에는 궁합이라는 것이 있다. 나는 좋은 궁합은 '서로 만드는 것'이라고 생각한다. 누군가와 잘 지내고 싶다면, 그 사람의 단점은 내가 보완하고 나의 부족한 부분을 상대가 보완하도록 해야 한다. 그것이 좋은 궁합을 만드는 과정이다. 그 과정을 거치며, 하나의 팀으로서 큰 힘이 생기게 된다.

사람과 회사의 궁합도 마찬가지다. 자신이 몸담은 회사의 나쁜 점을 찾기 시작하면 끝이 없다. 상사의 말 한마디, 동료의 행동 하나하나가 거슬리고 불만스럽게 느껴질 것이다. 세상에 완벽한 사람이 없듯이, 모든 면에서 완벽한 이상적인 회사 역시 존재하지 않는다. 새로운 회사에 들어갔다면 의식적으로 그 회사와 좋은 궁합을 만들어가는 게 중요하다.

앞서 회사 초창기에 나를 군말 없이 따라준 이들만이 회사에 남았다고 말했는데, 여기서 '군말 없다'라는 건 '어떤 일의 좋은 면을 본다'는 의미이다. 능력이 뛰어난 사람들은 어느 회사에 가더라도 윗사람이 부족하고 무능해 보이기 쉽다. 그러나 자신과 비교해 높은 기준으로 상대방을 평가하는 건, 그 사람의 단점만을 보는 것과 마찬가지다. 그렇게 되면 상대의 진정한 실력은 눈에 들어오지 않는다.

나뿐만이 아니라 수많은 회사의 경영자들 중에는 의외로 능력이 부족한 사람들이 많다. 하지만 그렇다 해서 사장으로서 역량이 없는 것은 아니다. 경영에서 중요한 것은 큰 뜻과 비전이다. 사장에게 가장 필요한 것은 그 두 가지이다. 몇 십 년 뒤의 미래를 조망하고, 그 미래상에 근거해 장대한 비전을 세울 수 있는가. 아울러 그 방향으로 조직의 구성원 모두를 이끌고 갈 수 있는가. 바로 이것이 사장에게 요구되는 역할이자 임무다.

나는 회사의 비전을 만들고, 이를 어떻게 실현해나갈지 생각하는 것이 내게 맡겨진 일이라고 생각한다.

장점을 보는 직원이라면 니토리 사장인 나를 보며 '이 사람이 머리는 그리 안 좋을지 몰라도, 회사를 이만큼 키웠다면 뭔가 다른 면모가 있다는 이야기일 거야'라고 생각할 것이다. 그런 사람들은 회사에 남아 자신의 위치에서 최선을 다한다.

남녀 관계에서도 처음부터 끝까지 찰떡궁합인 경우는 드물다. 연애할 때는 모든 것이 좋아 보여도 결혼 후 3년 정도 지나면 서로의 부정적인 면이 눈에 띄게 된다. 그때 '이 결혼 잘못한 것 같다'고 단정 지을 것이 아니라, 한 번뿐인 인생에서 어렵게 맺은 인연임을 기억하고 상대방에게 자신을 맞춰보아야 한다. 상대방의 결점에 눈을 감고 장점을 발견하도록 노력하는 것. 서로의 개성을 인정하고 스스로 노력하는 것. 그것이 바로 좋은 궁합을 완성하는 방법이다.

좋은 부부란 서로 궁합을 만들어나가는 사람들이다. 자기 입장만 주장하다 보면 결국 이혼밖에는 답이 나오지 않는다. 회사와의 관계도 마찬가지다. 어떤 부분에 초점을 맞추느냐에 따라 회사와 더불어 성공할 수도, 결국 실망하고 회사를 떠나게 될 수도 있다.

도전을 위해 등을 밀어주기

니토리 사내에는 현재 여덟 명의 카운슬러가 있다. 모두 50~60대 나이의 베테랑들로 임직원들의 상담에 적극적으로 나선다. 이들은 여러 가지 종류의 검사를 통해 직원 한 명 한 명의 성격이나 성향을 조사하고, 각자의 적성을 파악해 이를 카운슬링의 재료로 삼는다. 이렇게 세밀한 상담과 조력을 통해, 업무에 적극적으로 임하지 못하고 정체되는 직원들도 새로운 동기부여를 받을 수 있다.

나도 직접 나서서 경력직 직원들과 상담을 하고 있다. 점심시간에는 구내식당에서 직원 두세 명과 함께 식사를 하며 이야기를 듣는다. 나는 정식 카운슬러 자격증은 없지만 성격 및 적성 검사에 관해 많은 공부를 했고 일찍부터 이를 인사에 반영해왔다. 경험 없는 카운슬러보다는 오히려 내가 임직원들에게 동기부여를 더 잘

하리라 자신할 정도다. 실제로 한 시간 남짓한 나와의 면담으로 자극을 받아 행동이 바뀌거나 용기를 얻었다는 사람들도 적지 않다.

경력직 직원들은 보통 이전 경력을 살릴 수 있는 일을 맡고 싶어 한다. 하지만 니토리는 중도 입사자의 경우 반드시 6개월에서 1년 정도 매장 현장을 경험하도록 한다. '이전 회사의 경험을 살리는 게 분명 유리하겠지만, 당신은 성격상 다른 장점이 있을지도 모른다. 그러니 지금까지 해온 것과 다른, 경험해본 적 없는 직무를 맡아보는 게 어떠냐.' 나는 이렇게 권한다. 그리고 플로어매니저나 점장 일을 경험하도록 한 뒤에는 '거기서 어떤 부분이 흥미롭고 좋았는지'를 질문해서 그 사람의 성향이나 적합한 직무를 함께 탐색한다.

내가 직원들에게 요구하는 건 무엇보다 '적극성'이다. 나와 시라이 사장은 여러 가지 검사에서 '적극성이 높다'는 공통적인 평가를 받았다. 정서적으로 안정되어 있고 사회성 면에서는 외향적이었다. 변화를 즐기고, 리스크에 대한 불안 또한 거의 없는 편이다.

어떤 일에 적극적으로 도전하는 사람은 대체로 사고방식이 긍정적인 경향이 있다. '결국엔 잘될 것'이라고 미래를 낙관한다. 이는 사람을 대할 때 단점이 아닌 장점을 보는 것과도 비슷하다. 반면에 도전을 조심스러워하는 사람들은 주어진 문제를 의심이나 불안의 시선으로 보는 경우가 많다. 어떤 사안을 있는 그대로 받아들이지도, 보지도 못한다.

물론 타고난 성격의 영향이 있겠지만, 본인의 행동을 의식적으로 바꾸는 것은 충분히 가능한 일이다. 어떤 일을 처리할 때는 '지나치게 고민하지 않는' 태도가 필요하다. 바로 그것이 성공할지 못할지를 가르는 최대의 기점이 된다. 지나치게 고민하다 보면 주저주저하다가 기회를 놓치는 결과가 발생한다. 인생은 '기회를 내 것으로 삼을 수 있느냐 없느냐'로 결정된다. 비즈니스 역시 마찬가지다.

그러므로 가능한 한 낙천적이 되어, 쓸데없는 고민을 내려놓으려 노력하라. 물론 사안의 부정적인 면을 볼 수 있겠지만, 그건 어디까지나 '극복하기 위해 무엇을 해야 할지'를 생각하기 위해서다. 기본적으로는 항상 전진한다는 발상을 갖추어야만 한다.

대부분의 사람들은 변화할 힘을 충분히 가지고 있으면서도 박차고 나갈 용기가 없어 그 자리에 멈춰 서 있다. 그들이 한걸음 내딛을 수 있도록 등 떠밀어주는 것이 바로 카운슬링의 목적이다.

협력하되 필요한 공격을 아끼지 말라

직원들과 상담을 하면서 나는 "말하고 싶은 것을 다 얘기해보라"거나 "실패해도 좋으니 뭐든 적극적으로 나서라"고 조언한다. 상대방을 지나치게 신경 써서 '이런 얘기는 하면 안 되겠지…….' 하며 자신을 억누르는 이들이 많기 때문이다.

회의 자리에서 반대 의견이 있거나 지적하고 싶은 문제가 있어도 '괜히 이런 얘기 했다가 분위기 흐리는 거 아니야.' 하는 마음에 입을 닫는 경우가 종종 있다. 특히 중도에 입사한 직원들이 그런 태도를 보이곤 하는데 완전히 잘못된 생각이다.

만약 회사의 비전을 위해 꼭 필요하다고 느낀다면 어떤 의견이든 분명한 태도로 밝혀야 한다. 지레 걱정할 필요는 없다. 물론 주위 사람들과 늘 논쟁만 벌이는 것도 효율적인 모습은 아니다. 어떤 일이 실패로 돌아갔을 때 '상사가 움직여주지 않았다', '부하 직원이 전혀 의지가 없었다', '다른 부서가 도와주지 않았다'는 식의 변명과 핑계를 대는 것은 현명치 못한 일이다. 상사나 부하, 관련 부서를 움직일 수 없었던 건 본인이 부족했기 때문이다. 자신이 어떻게 하느냐에 따라 주변 사람이나 부서들의 반응이 달라진다는 사실을 기억해야 한다.

언뜻 모순적인 이야기 같지만, 협력하는 한편으로 공격적인 성향을 유지할 필요가 있다. 다시 말해 불필요한 잡음을 일으키지는 않되, 이야기해야 할 건 반드시 해야 한다는 의미다.

채용 면접에서도 말을 지나치게 아끼는 사람은 제아무리 명문대 출신이라도 뽑지 않는다. 주변에만 신경 쓰느라 아무런 발언을 하지 않는 사람은 어디 있는지조차 모르는 존재가 되기 때문이다. 특히 최근에는 받는 데만 익숙하고, 먼저 다가갈 필요를 못 느끼는 환경에서 자라는 아이들이 많다. 예전처럼 한 집에 자녀들이 많았던 시절에는 스스로 움직이지 않으면 아무것도 얻지 못했지만 지금은 완전히 달라졌다.

이렇게 사람은 환경이나 유전의 영향에서 자유로울 순 없다. 내 경우 성격이 밝고 배포가 큰 어머니를 닮았다. 지금 생각해보면 좋은 머리를 물려받아 일류 대학에 들어가는 것보다, 어머니의 성격을 물려받은 편이 훨씬 도움이 된 듯하다.

자신의 타고난 성격에 대해 계속 고민만 해서는 아무것도 달라지지 않는다. 그보다는 성격의 장점을 살리고 단점을 보완하는 노력이 절대적으로 필요하다.

'무난한 점수'의 함정

꾸준한 동기부여를 위해서는 평가 제도도 중요하다.

일본의 경우 대부분의 회사는 기본적으로 연공서열제를 채택해, 잘하든 못하든 같은 직급의 직원들은 수입 면에서 큰 차이가 나지 않는다. 하지만 니토리는 실적이 뛰어날수록 연봉이 상승하는 구조가 갖추어져 있다. 상여금도 타사에 비해 개인별로 훨씬 큰 차이를 보인다.

하지만 그것만으로는 직원들의 의욕을 충분히 끌어올리지 못한다. 특히 문제는 '그냥 이대로도 괜찮다'며 현상 유지에 급급한 사람들에게 어떻게 자극을 주느냐 하는 것이다. 나는 이를 위해 평가 제도를 더 정교하게 다듬어야겠다고 생각해 지난 몇 십 년간 고민에 고민을 거듭했다. 그 결과, 2011년부터 6단계 업무 평가

방식을 도입하기 시작했다.

기존에 니토리에서는 5단계로 실적을 평가했다. 그리고 상사와의 면담 자리를 마련해 '왜 이런 성적이 나왔는지' 회사의 명확한 평가 기준을 설명했다. 그러면 일방적인 점수 매기기에 불만이 있던 사람도 '앞으로 더 열심히 해야겠다'는 의욕을 가지게 된다.

다만 5단계 평가의 경우 중간치인 3이라는 점수에 전체의 3분의 2가 몰린다는 문제가 있었다. 평가하는 입장에서도 특별히 뛰어난 직원에게만 4점이나 5점을 주고, 대부분은 무난한 3점을 주게 되곤 했다. 그렇게 많은 사람들이 3점을 받게 되면 '빨간 불이더라도 모두 함께 건너면 괜찮다'는 식의 안일한 생각에 빠져 현상에 안주할 우려가 있다. 실제로는 더 열심히 해야 할 중하(中下) 수준이더라도 '이거면 됐지, 뭐.' 하는 착각에 노력을 게을리 하게 되는 것이다.

이 사람들이 더 적극적인 태도를 가지게 할 방법이 없을까 고민하다가 어느 순간 '그럼 가장 많은 비중을 차지하는 3점을 없애는 게 어떨까?' 하는 생각이 들었다. 중간 점수를 아예 빼버리는 것이다. 나는 안전하되 남들과 비슷한 방식이 아닌, 아무도 해보지 않은 새로운 방법을 시도하기로 했다.

그렇게 기존의 5단계에서 중간 점수를 없앤 4단계 평가 방식을 실시하자 한 가지 문제가 발생했다. 상사나 부하 직원 모두가 심리적으로 위축되기 시작했다. 4단계 평가에서 2점과 3점 사이에는 큰 격차가 있는 것처럼 느껴진다. 그래서 2점을 받은 직원이

'나는 안 되겠다'고 비관해 퇴사하는 일이 벌어지기도 했다. 이렇게 되면 평가하는 입장에서도 선뜻 2점을 주기가 어렵게 된다.

그래서 이번에는 오히려 6단계로 점수의 폭을 늘렸다. 이제는 3점을 받아도 '아직 아래에 두 단계나 있다'는 생각에 다소 여유를 가질 수 있으며, 동시에 앞으로 조금 더 노력하면 4점을 받을 기회는 충분하다는 자극을 얻게 된다. 실제로 많은 임직원들이 3점이나 4점을 받는다. 다만 신입사원들에게는 이것이 쉽지 않은 일이기에, 입사 4년차까지 기존 방식대로 5단계 평가를, 5년차부터는 6단계 평가를 하고 있다.

바닥난 의욕을 리필하라

나는 남은 생애 동안 가장 집중해야 할 것이 바로 사람을 키우는 일이라고 생각한다. 기대가 되는 인재에게는 적극적으로 투자한다. 이는 나중에 성장해서 몇 배의 수익금으로 돌려달라는 메시지이기도 하다.

우리는 직원 각자에게 연간 어느 정도의 투자를 하는지를 모두 기록한다. 직원 교육은 체계화되어 있으며, 그 커리큘럼을 사내에서는 '니토리대학'이라 부른다.

물론 처음부터 그랬던 것은 아니다. 오랜 세월 시행착오를 거치면서 서서히 체계를 갖춘 것이다. 지금은 교육 전문 인력만 해도

20~30명에 달하며 사내 강사도 있다. 신입사원들은 입사 3년차까지 기수별 연수를 받는다. 최근에는 한 기수가 400명 수준에 달해 연수를 한 차례 하는 것도 쉽지 않다.

때로는 우리 큰 뜻의 원점을 되새길 수 있는 계기로서 미국 연수를 지원하기도 한다. 매년 5월이면 입사 2년차 직원 전체는 미국 연수를 떠나며, 이후에도 평균 3년마다 미국 연수를 실시한다. 연수를 3년마다 반복하는 건 그 정도 시간이 지나면 다잡았던 마음도 대부분 흐트러지기 때문이다. 잊고 지냈던 큰 뜻을 새롭게 떠올리고 귀국한 직원들은 넘치는 의욕으로 다시 일에 열중하게 된다. 그러다 1년 정도 지나면 의욕은 절반 이하로, 2년 정도 지나면 5분의 1쯤으로, 그리고 3년 정도 지나면 거의 0에 가까워진다. 그래서 연수를 3년 주기로 반복하는 것이다. 그런 의미에서 니토리의 미국 연수 여행은 '큰 뜻을 되찾는 여행'이라 할 수 있다.

2016년의 경우 5, 6월에 500명, 가을에 400명, 모두 900명이 미국 연수 여행에 나섰다. 신입사원을 제외한 전체 임직원이 약 4,000명이니 그들의 4분의 1 가까운 숫자가 다녀온 셈이다. 미국 외에 유럽 연수도 시행하고 있으며, 인도네시아와 베트남에 있는 니토리 산하 가구제조사 '니토리퍼니처'에서 진행하는 연수도 있다. 페가수스클럽 활동도 여전히 지속하고 있어, 세미나 등에 해마다 1억 엔(약 10억 원)가량을 지출한다. 이 모든 교육비를 합하면 연간 수억 엔을 투자하는 셈이다.

여성들이 활약하는 회사 만들기

한편으로는 여성 인력 양성에도 각별한 신경을 쓴다. 니토리의 고객은 3분의 2가 여성이다. 그러므로 상품 전시부터 화장실 내의 여성 편의 시설을 구축하는 일까지 여성의 관점이 없으면 제대로 운영하기 힘들다. 주방용품 등의 상품을 기획할 때도 평소 요리하는 사람의 눈이 필요하다. 또한 여성들은 선천적으로 남성보다 색채에 예민해 코디네이션 작업을 할 때 여성의 감각이 큰 도움이 된다.

불과 10년 전만 해도 니토리의 여성 직원 비율은 낮은 편이었다. 현장에서는 몸을 쓰는 일이 많아 여성이 큰 도움이 안 된다는 목소리가 있었기 때문이다. 하지만 지금은 설비를 보완하여 여성들도 손쉽게 무거운 물건을 옮길 수 있게 되었다. 현재는 여성 채용 인원이 전체의 절반을 차지하며, 급여 체계 또한 평등하게 시행하고 있다. 니토리는 여성 집행임원이 두 명으로 상대적으로 높은 비율을 차지하는데, 여성 점장은 그에 비해 비율이 낮아 20명 정도에 그치고 있다. 바이어나 머천다이저들도 현재 3분의 1 수준인데 50퍼센트까지 그 비율을 높이는 것이 목표다.

사내 제도에도 많은 변화가 있었다. 예전에는 여성들이 결혼하여 아이를 낳아도 출근 시간은 일괄 8시로 정해져 있었다. 하지만 지금은 근무 시간대를 자유롭게 선택할 수 있다.

근무지 역시 변경 신청이 가능하다. 독신이거나 젊을 때는 배치전환 교육이 무리가 없지만, 결혼 후에는 아무래도 여러 면에서 제한이 따르게 된다. 그래서 신고를 통해 근무지를 선택할 수 있게끔 배려하고 있다. 다만 급여나 대우에 약간의 변화는 발생할 수 있다. 이 제도를 이용하는 경우를 '지역한정 직원'이라 하는데 도쿄 인근(간토우 지역), 오사카 인근(간사이 지역), 홋카이도 등 일본 전역의 6~7개 지역 가운데 원하는 곳에 배속한다. 여성들은 출산 후 지역한정 직원으로 근무하다가, 어느 정도 육아를 하고 나면 다시 일반직으로 돌아오는 경우가 적지 않다.

요양 등의 특별한 사유가 있는 경우 집 근처 근무지로 배정받는 것도 가능하다. 이때도 문제가 해소되면 다시 본업으로 돌아올 수 있다.

여성들이 업무 외적인 장애물로 고통을 받지 않도록 니토리는 노력 중이다. 육아휴직은 최대 2년까지 쓸 수 있고 다시 직장으로 돌아오면 이전에 받던 월급을 보장한다. 현재 니토리 직원 가운데 70명 정도가 이 제도를 이용하고 있으며, 덕분에 출산 후에도 상당수 직원들이 회사에 남게 되었다. 모두 여성 직원들의 의견을 직접 참고하여 만든 제도이기에 호응도도 꽤 높다

모두가 반대하는 일은 반드시 성공한다

나는 불가능해 보이는 과제에 도전하고 그것을 완수하는 과정에

서 큰 즐거움과 보람을 느낀다. 완전한 백지상태에서 어떤 문제에 몰두해 해결책을 찾는 것 또한 내가 좋아하는 일이다. 생각대로 잘 진행되면 당연히 신이 나고, 뭔가가 잘 안 풀리면 잘못된 부분을 찾아내어 개선하는 데서 또 다른 성취감을 느낀다. 그 모든 과정이 내게는 기쁨이고 행복이다.

그러나 개혁에는 늘 반대가 따라붙는다. 내가 진행한 과제들 중에는 사내 구성원 대부분의 반대를 무릅쓴 경우도 적지 않다. 개혁이란 지금까지의 방식을 부정하는 것이기에 상식에 갇힌 사람들은 당연히 반기를 든다. 그러나 반대를 무릅쓰고 개혁하지 않으면 비전은 절대 달성할 수 없다.

예전부터 '임원 전체가 반대하는 건 반드시 해야 한다'는 게 내 철칙이었다. 임원들은 보통 지극히 상식적인 발상을 한다. 그들의 의견대로 한다면 20퍼센트 정도 성장은 이룰 수 있겠지만 100배 성장은 결코 기대할 수 없다. 그래서는 비전에 도달할 수 없다.

해외에서 제품을 수입할 때나, 해외에 자사 공장을 설립할 때도 모두들 일제히 반대를 했다. 하지만 그때마다 나는 '혼자서라도 해내겠다'며 정면 돌파를 했고, 결국 성공적인 결과를 얻었다.

마냥 안전하고 안정된 인생은 재미가 없다. 무리한 듯 보이는 과제와 목표에 뛰어들 때의 두근거리는 순간이야말로 우리가 살아 있다는 증거일지도 모른다. 어려움을 극복한 경험을 토대로 더 큰 도전을 이어나가는 것. 그것이 바로 큰 뜻을 향해 나아가는 여정이다.

그렇게 큰 뜻과 비전을 추구하는 과정에는 반드시 리스크가 동반된다. 평범한 노력으로 이룰 수 없는 일을 완수하기 위해서는, 평소라면 상상치 못할 모험과 도전이 필요하게 마련이다. 리스크 없이는 아무것도 얻을 수 없다. 실패를 두려워하지 않고 리스크를 짊어지는 각오가 그래서 중요하다.

지금의 니토리는 경영이 일정한 궤도에 올랐다. 하지만 해외로 시선을 돌려보면 중국과 미국 시장은 모두 적자를 기록하고 있다. 미국에 진출했다고는 하지만, 매장이 아직 다섯 곳으로 실험 단계에 불과하다. 미국은 일본보다 앞선 시장이기에, 본격적으로 진출하여 성공하기가 어렵다. 하지만 앞으로 10년 정도의 시간을 들여 조금씩 매장을 늘리고 시스템과 인재를 보완해나간다면 어느 순간 공세적인 국면으로 전환할 수 있을 것이다.

해외 시장에서는 미국보다 중국 쪽이 더 빠른 전개가 가능할 것으로 보인다. 현재 중국에서는 연 평균 5개씩 신규 매장을 오픈하고 있는데, 앞으로는 속도를 높여 매년 10개, 나아가 30개씩 매장의 문을 열 계획이다. 특히 상하이(上海), 베이징(北京), 광저우(廣州), 선전(深圳), 우한(武漢) 등의 주요 지역을 토대로 '니토리 상권'을 형성해나가고자 한다. 상하이에서는 2017년 6월에 4만 평 규모의 물류센터를 착공했으며, 10년 내에 중국의 니토리 매장 수가 일본을 앞질러 전체 2,000~3,000개의 매장이 들어설 것으로 예상하고 있다.

이 밖에도 현재 베트남에 12만 평 규모의 토지를 마련해, 그중

2만 평 규모로 2층 공장을 짓고 있다. 남은 10만 평에는 1,000개 매장을 세우고, 추후 그 수를 3,000개까지 늘리는 것을 목표로 하고 있다.

일본에도 사이타마(埼玉) 현 삿테(幸手) 시에 3년 내 약 3만 평 규모의 물류센터를 건립할 예정이다. 이곳에서 도쿄 인근의 각 매장으로 상품을 발송할 것이며, 항만에서 각 매장으로 직접 배송도 이뤄지게 된다. 이처럼 아직 큰 사업이 많이 남아 있는 가운데 나는 새로운 지역, 더 넓은 세계에서 다시 백지상태로 돌아가 도전을 시작하려 한다.

지금 니토리는 일본의 주거 문화에 혁신을 일으키고 있다. 혁신은 이것을 처음 이루는 자가 모든 성과를 차지하게 된다. 두 번째, 세 번째는 큰 영예도, 소득도 얻지 못한다.

혁신이란 지금까지 해오던 방식을 부정하고 새로운 길을 개척하는 것을 말한다. 과거의 경험을 지속하면 편하기야 하겠지만, 언젠가는 반드시 현 상황을 타파하는 사람이 나타난다. 그러므로 내가 먼저 나서서 나무를 베고 길을 닦는 노력을 기울여야 한다. 그 길에 자갈을 깔고 아스팔트 포장까지 한다면 이후에 들어오는 이들과 압도적인 속도 차를 낼 수 있다.

나는 새로운 도전을 시작할 때 살아 있는 기분이 든다. 누군가가 이미 한 일은 다른 사람에게 맡기고, 나는 또 다른 새로운 길을 만들어간다. 고통스럽게 고민하는 시간을 지나고 나면 커다란 보람과 기쁨이 기다리고 있다. 비록 아주 짧은 순간일지라도, 한 번 경험하면 절대 잊을 수 없는 희열을 느낀다. 그렇게 작은 성공이 쌓이다 보면 결국 목표로 했던 자리에 도달할 수 있다.

도전은 상식적으로 부딪혀선 결코 이길 수 없는 상대에게 맞서는 일이다. 니토리에서 말하는 '도전'은 불가능해 보이는 목표, 즉 비전을 향해 싸워나가는 것을 의미한다. 도전에 싸움은 필수적으로 수반된다. 그 치열한 과정을 두려워해선 안 된다.

불가능한 목표 달성을 위해 기존의 상식과 관계를 머릿속에서 지우고, 완전한 백지 상태로 돌아가 다시 생각해야 한다. 기존 방식만으로는 어렵기 때문에, 환경의 변화를 기회로 삼아 스스로 그 변화의 주역으로 올라서야 하는 것이다. 그렇게 하려면 무엇보다 자신이 변해야 하며 늘 유연해야 한다.

내 뒤를 잇는 니토리의 사장들도 그러길 빈다. 모두가 반대를 하더라도, 혹여 회장인 내가 과거에 이룬 것을 모두 부정하는 방식일지라도, 그들 자신만의 새로운 길을 스스로 만들어내기를 바란다.

4장

집념,
리스크를
기회로 삼는
'밝은 철학'

NITORI

집념이란 곧 긍정적인 노력

—

'집념'이라고 하면 '집착'과 비슷한 어감 때문에 부정적인 이미지를 떠올리기 쉽다. 하지만 니토리에서 말하는 집념의 의미는 '목표를 달성할 때까지 포기하지 않는 것'이다. 이를 위해서는 긍정적인 밝은 자세가 무엇보다 필요하다. 많은 사람들이 성공하지 못하는 건 '한번 해볼까?' 하는 마음으로 시작했다가도 오래 지속하지 못하기 때문이다. 즉, 집념이 없는 것이다. 아무리 열심히 각오를 다지더라도 사람은 금세 태만해지기가 쉽다. 또 생각처럼 일이 잘 안 되면 금세 기세가 꺾이곤 한다. 그래서 높은 목표와 강한 뜻이 없으면 노력은 지속될 수 없다.

'10년 뒤 이렇게 되고 싶다'는 명확한 비전이 있고 '지금 하는 일이 비전으로 이어질 첫걸음'이라는 자각이 있다면, 장애물을 만나더라도 쉽게 포기하지 않는다. 그럴 때 뭔가 다른 방법을 고민하고 더 열심히 매달리는 자세가 바로 집념이다.

니토리는 '선제주의'를 표방하여 지금껏 사람들이 손대지 않았던 분야에 도전해왔다. 하지만 처음부터 탄탄대로가 열렸을 리는 없다. 만약 그렇게 쉬운 길이었다면 벌써 누군가가 이루었을 것이다. 온갖 수단을 동원하여 개선과 개혁을 지속하다 보면 어느 순간 돌파구가 나타난다.

이때 필요한 것이 '노력하다 보면 결국 잘될 거야.' 하는 낙천적인 사고와 자세이다. '해봤자 소용없어.' 하는 비관적인 마음가짐이라면 중간에 쉽게 의지가 꺾여 포기하게 된다.

'저렴한 가격'을 위해 세계를 떠돌다

처음 미국에 갔을 때, 미국의 가구 가격은 일본의 3분의 1 수준이었다. 여기에 충격을 받은 나는 일본으로 돌아온 후 '다른 가게의 반값'을 매장의 슬로건으로 삼았다. 그때는 밤낮으로 '반값'만을 생각하며 다른 가게보다 제품 가격을 낮추려면 어떻게 해야 할지 고민을 거듭했다. 어쩌면 그 고민이야말로 내 집념의 응축 같은 것이었을지 모른다.

저렴하게 팔기 위해서는 일단 상품을 저렴하게 들여와야 한다. 그래서 내가 처음으로 했던 일은 '사연 있는 상품', 예를 들어 도산한 가구점이나 도매상에서 방출된 상품들을 찾는 것이었다. 삿포로 시내에는 그런 물건을 전문적으로 취급하는 업자가 있어서 그

곳에서 상당량의 상품을 매입하곤 했다. 매장이 늘어난 뒤로는 삿포로에 있는 업체만으론 상품이 부족해서, 바다 건너 혼슈 지역까지 건너가 저렴한 물건을 찾고 또 찾았다.

자금 순환에 어려움을 겪는 도매상이나 제조사가 있다는 이야기를 들으면, 바로 현금을 준비해 가 그 자리에서 물건을 구입했다. 자금난에 시달리던 가게 주인들은 눈앞의 현금을 보고 마음이 동해서 곧바로 상품을 팔았다. 당연히 판매가는 원래 가격보다 훨씬 저렴했다. 이 방법으로 저렴한 제품들을 많이 확보한 덕분에 점차 '니토리 물건은 싸다'는 평판을 얻을 수 있었다. 다만 이런 제품들은 불량이나 고장이 잦고 안정적인 상품 매입이 어렵다는 단점이 있었다.

홋카이도는 광활한 지역 곳곳에 가구 공장들이 산재해 있었다. 도매상들은 이곳 공장에서 생산한 물건을 가져와 소매점에 넘겼다. 따라서 전통적으로 도매상의 힘이 강한 편이었다. 나는 그들의 일하는 패턴을 읽고, 공장에서 내가 직접 상품을 들여오는 방법을 생각해냈다. 아무래도 직접 구매하는 편이 더 저렴하기 때문이었다.

아울러 새로운 상품이 들어오면 제일 먼저 확인할 수 있는 시스템을 갖추고 싶었다. 이를 위해 도매상의 영업 담당자들과 관계를 다지고자 식사 자리나 술자리를 마련했다.

"앞으로 우리 회사는 더 커질 겁니다. 협력해주시면 영업 실적에 큰 보탬이 되실 거예요."

이렇게 부탁을 해둔 덕에 신상품이 들어오면 바로 전화가 걸려왔다. 나는 곧바로 도매상을 찾아가 가장 먼저 둘러보고, 마음에 들면 그 제품을 만드는 제조사를 몰래 찾아갔다.

하지만 그렇게 해도 제조사가 바로 판매를 하지는 않았다. 도매상의 계열점이라는 위치 때문에 쉽게 움직일 수 없었던 것이다. 그래도 나는 인사차 계속 얼굴을 비추며 서서히 안면을 텄다.

제조사 입장에서는 1년을 주기로 봤을 때 물건이 특히 잘 안 팔리는 시기가 있다. 홋카이도의 경우 12월부터 이듬해 2월까지는 눈 때문에 물류 이동이 원활하지 못해 소매상이나 도매상 모두 한가해진다. 이 시기에 제조사 창고를 슬쩍 엿보면 재고가 산더미처럼 쌓여 있는 경우가 많았다. 이때가 행동에 나설 때였다.

나는 그때까지 익힌 안면을 내세워 창고를 누구보다 먼저 살펴본 뒤 현금을 두둑하게 준비해 갔다. 그러고선 "여기 있는 상품들을 전부 다 사겠다"고 통 크게 제안했다. 그러면 대부분은 도매상 눈치 때문에 곤란하다는 반응을 보였다. 하지만 내가 "지금 즉시 현금으로 지급하겠습니다." 하며 돈다발을 꺼내 보여주면 다들 군침을 흘리는 듯한 표정을 짓곤 했다.

"이렇게 물건을 넘긴 사실이 밝혀지면 바로 출하 정지를 당할지 몰라요." 하고 주저하는 사람들에게는 "염려 마세요. 걸리지 않게 밤늦은 시간에 몰래 찾아올게요." 하고 구슬렸다. 그렇게 나는 겨울 밤 8, 9시쯤 혼자 트럭을 몰고 가서 수납장이며 찬장 등을 실어 날랐다. 물론 대금은 상차와 동시에 바로 지급했다. 처음에는 트력 한 대 분량이었지만 이후에는 2대, 3대로 점점 늘어났다.

그러다 날씨가 풀리고 제조사가 다시 바빠지는 4, 5월이 되면 '지금 오면 안 된다'는 주의를 듣곤 했다. 특별한 계약을 맺은 게 아니었기에 어쩔 수 없는 일이었다. 대신에 "이번 겨울에도 많이 구매하도록 할게요"라고 언질을 주며 저렴한 비용으로 창고를 빌렸다. 그 창고에 겨울 동안 사둔 물건을 산더미처럼 쌓아놓고 재고를 늦여름까지 팔았다.

처음에는 이 방법으로 제법 돈을 벌었지만 어느 순간 제조사 측에서 몸을 사리기 시작했다. "하마터면 도매상에 걸릴 뻔했어요. 이 이상 파는 건 위험하니, 앞으로는 거래가 힘들겠습니다." 이렇게 정색을 하니 방법이 없었다. 게다가 의심을 품은 도매상들이 경계를 강화하기 시작해 몰래 거래를 하는 일이 도저히 불가능해졌다.

이제 삿포로 일대에서는 상품 매입이 어려워져, 아사히카와(旭川)로 매입처를 옮겼다. 하지만 같은 일이 다시 벌어졌고, 이번에는 오비히로(帯広)로, 나중에는 쓰가루 해협 건너 혼슈 지역으로 이동했다. 혼슈에서도 처음에는 홋카이도에 인접한 아오모리(青森)에서 거래를 했지만 이후에는 군마(群馬) 현의 마에바시(前橋), 히로시마(広島) 등 남쪽 지역으로 점차 내려와 어느새 규슈(九州)에까지 이르렀다. 마치 지명 수배범이 전국으로 거처를 옮기며 도주하는 것 같은 모양새였다.

1982년에는 드디어 바다 건너 대만, 한국 등에서 매입을 시작했다. 일본 내에서는 더 이상 니토리에 물건을 팔아줄 제조사를 찾을 수 없었기 때문이다. 주변 눈치를 볼 필요가 없는 해외에선 닥치는 대로 가구 공장을 돌아다녔다. 나는 무역 경험이 전혀 없었기 때문에 대금을 지급하는 방법부터 하나하나 공부해야 했다.

해외 제품을 수입할 생각을 한 건 일단 가격 자체가 저렴했기 때문이다. 다만 가격만큼 품질이 떨어지는 것이 문제였다. 목재를 충분히 건조시키지 않은 채 조립했기에 기후가 다른 곳에서 가구 다리가 휘거나 도장이 벗겨지는 일이 잇달았고 고객의 항의가 폭주했다.

저렴하게 수입하는 것까진 좋았지만, 판매 이후의 상황 때문에 골머리를 썩었던 셈이다. 게다가 제품 사양도 미국을 기준으로 제조된 것들이 많아 사이즈나 기능이 일본인에게 맞지 않았다. 당시는 니토리의 매장 수가 적어서 대량 주문이 어려웠기에, 우리만을 위해 사양을 교체할 수도 없었다.

지속되는 클레임으로 매장마다 고객에게 사과하는 일이 비일비재하게 발생했다. 이런 상황은 자연히 판매에도 악영향을 미쳤고 직원들은 하나둘 '평판이 더 나빠지기 전에 수입을 그만두는 게 좋겠다'는 의견을 내놓았다. 그런데도 내가 멈추지 않자 '저쪽에 여자가 있는 거 아니냐', '그 나라 거래처에서 뒷돈을 받아 챙긴다더라.' 하는 헛소문까지 돌았다.

가장 중요한 것을 지키기 위한 고집

내가 수입을 지속할 수밖에 없었던 진짜 이유는 '가격'이었다. 고객이 가장 원하는 건 '저렴한 가격'이다. 당시 니토리에 그마저도 없었다면 진짜 별 볼일 없었을 것이다. 질이 다소 떨어지더라도 싼 물건을 찾는 고객의 요구가 컸기에 나는 내 방식을 밀고 나갔다.

품질을 우선시하면 아무래도 가격이 비싸지게 된다. 하지만 당시 니토리의 경영 방침은 첫째도, 둘째도, 셋째도 저렴함이었다. 넷째쯤이 품질, 그리고 다섯째 정도에 코디네이션이 해당했을 것이다. 그만큼 가격이 중요했다.

지금이야 '니토리 상품은 저렴하다'는 인식이 널리 퍼졌기에 품질과 코디네이션에 더욱 집중하고 있다. 실제로 가격 면에서는 다른 경쟁사가 쫓아올 수 있고, 품질 역시 조금씩 따라올 것이다. 하지만 니토리 고유의 코디네이션을 흉내 내기란 결코 쉽지 않은 일이다.

물론 아직도 경영에서 중요한 요소와 그 순서는 그대로이다. 다만 비중이 달라진 것이다. 초기만 해도 각 요소의 비중을 따졌을 때 가격이 60퍼센트, 품질 30퍼센트, 코디네이션이 10퍼센트 정도였다면, 지금은 가격이 40퍼센트, 품질이 30퍼센트, 코디네이션이 30퍼센트 정도의 비중을 차지한다. 어찌 되었든 그 순서만큼은 달라져서는 안 된다. 어디까지나 가장 중요한 건 '저렴한 가격'이다. 저렴해도 품질이 좋다면 가치를 더할 수 있고, 여기에 코디네이션을 결합해 또 다른 부가가치를 만들 수 있다.

그러나 당시만 해도 우리는 저렴한 가격밖에 내세울 게 없었다. 사내에서 수입 반대 의견에 부딪혔을 때는 '일단 3년만 기다려달라'고 설득했다. 하지만 3년이 지나도 고객들의 항의는 계속됐다. 그때부터는 해외에 출장을 갈 때 다른 직원과 동행해서 내가 임의대로 상품을 매입하지 못하도록 감시하게끔 했다. 그러면서도 '3년은 부족하니 5년을 채울 때까지 조금만 더 기다려달라'며 수입을 멈추지 않았다. 수입 외에 다른 대안이 없다고 판단했기 때문이다.

1971년 닉슨 쇼크(미국의 닉슨 대통령이 발표한 달러방위 정책으로 인해 세계 경제가 받은 충격을 일컫는 말-옮긴이)로 '1달러=360엔'의 고정환율제가 사라지면서 엔화 가치가 크게 상승했다. 결국 국내에서 제품을 만들어서는 경쟁하기 힘든 시대가 왔다는 생각이 더욱 확고해졌다.

시간이 흐르면서 내 생각이 틀리지 않았음이 드러났다. 제품 매입을 시작할 때만 해도 환율은 달러당 250엔 정도였지만, 1985년 플라자합의(미국의 달러화 강세를 완화하려는 목적으로 미국, 영국, 독일, 프랑스, 일본의 재무장관들이 맺은 합의-옮긴이)로 순식간에 엔화 가치가 뛰어 달러당 120엔 수준에 도달했다. 제품을 매입하는 우리 입장에서 보면, 이전의 절반 가격으로 물건을 살 수 있게 된 것이다. 1990년 중반에는 환율이 달러당 80엔 수준까지 하락했다. 국내 생산 제품과 수입 제품의 가격 차이는 압도적으로 벌어졌으며, 수입 제품의 품질도 조금씩 나아져 고객 클레임은 크게 줄었다.

경영자의 일은 20년 앞을 내다보고, 거기서 역산해 10년 뒤의 상황을 준비하는 것이다. 그에 맞춰 경영의 방향을 결정하고 구체적인 계획을 세워야 한다. 만일 경영자에게 그런 능력이 없다면 최악의 경우 회사는 완전히 사라지는 운명을 맞을지도 모른다. 반대에 부딪힐 때마다 다른 길로 돌아섰다면 아마도 지금의 니토리는 없을 것이다. 처음 직거래를 시도했을 때 나는 도매상의 집요한 방해와 차별대우에도 굴하지 않고, 직접 트럭을 준비하고 창고를 빌리는 등 자구책을 고안했다. 마찬가지로 해외에서 가구를 수입할 때도 각종 문제와 클레임이 터져 나왔지만 회사의 방침을 단념하지 않았다.

모두 '조금이라도 더 저렴하게 팔고 싶다'는 생각에서 비롯된 집념이었다. 그리고 이것은 강력한 미래상을 바탕으로 큰 뜻과 비전을 품었기에 가능한 일이었다.

눈물겨운 해외 생산 프로젝트

니토리가 해외 생산을 시작한 건 1994년부터였다. 당시 환율이 달러당 100엔을 향해 상승하는 가운데 우리는 원하는 제품을 만들 방법을 강구했다. 니토리 제품은 저렴한 가격에 고객 클레임이 나오지 않을 만큼 품질이 좋아야 했고, 우리가 직접 기획해 토털 코디네이션을 할 수 있어야 했다.

니토리의 가구 제조사는 지금까지도 '주식회사 니토리퍼니처' 한 곳뿐이다. 인도네시아와 베트남에 공장이 있으며, 현재 마쓰쿠라 시게히토(松倉重仁)가 사장을 맡고 있다.

그는 원래 홋카이도 아사히가와(旭川)에서 '마루미츠목공(マルミツ木工)'이라는 가구 공장을 운영하던 사람이었다. 1986년에 처음 만난 뒤, 나는 그에게서 어떤 동지의식을 느꼈다. '사람들의 불편함과 불만을 해소해주고 싶다'는 큰 뜻이 서로 일치했던 것이다. 마루미츠목공이 경영난에 빠졌을 때 지원을 해주면서 우리는 본격적인 연을 맺게 되었다.

마쓰쿠라 씨는 기본적으로 고급 제품을 지향해 백화점 대상의 고가품만을 만들었다. 처음에 내가 '니토리에서도 팔 수 있는 제품을 만들어달라'고 부탁했을 때는 "그쪽은 소매점이고 우리는 제조사라서 서로 입장이 다를 수밖에 없어요." 하며 완곡히 거절했다.

그렇게 서로 다른 입장을 굽히지 않던 와중에 마루미츠목공의 적자가 점점 늘었고 더 이상은 니토리가 지원하기 어려운 상태에까지 이르렀다. 나는 마지막으로 한 가지 제안을 했다.

"우리는 앞으로 해외에 공장을 세우고, 거기서 직접 제품을 생산해서 들여올 계획입니다. 그 일을 꼭 좀 도와줬으면 해요."

내 간곡한 부탁에 얼마간 고민하던 그는 이내 고집을 꺾고 우리를 돕기로 했다. 특히 인도네시아 공장을 설립하는 데 누구보다 열심히 발 벗고 나서주었다.

해외에서 자사 생산을 하기로 결정한 건, 다른 회사를 통해서는 우리가 원하는 대로 코디네이션할 수 있는 물건을 만드는 게 불가능했기 때문이다. 본격적인 해외 진출을 하기 전 협력사 10여 곳을 모아놓고 세미나를 한 적이 있다. 당초 이들이 니토리에서 기획, 제안한 상품을 개발해줄 거라 생각했지만 예상은 빗나가고 말았다. 디자인이나 스타일, 컬러, 가격대를 통일하려 해도 '이 이상 가격을 낮출 수 없다'거나 '그만한 목재 가공 기술이 없다'는 이유를 들어 저마다 난색을 표했다. 이래서는 더 이상의 논의가 의미 없다는 판단이 들어, 결국 세미나를 조기 해산했다.

그리고 다른 사람에게 맡기는 게 불가능하다면 힘들어도 좋으니 우리가 직접 하자는 결론에 도달했다.

1994년 10월, 드디어 '마루미츠 인도네시아 공장(현 니토리퍼니처 인도네시아)'을 설립했다. 인도네시아 수마트라 섬에 첫 해외 자사 공장을 세운 것이다. 1995년부터 출하를 시작한 이 공장은 생산이 궤도에 오르기까지 말도 못할 우여곡절을 거쳐야 했다. 현장에서 지휘하던 마쓰쿠라가 얼마나 고생했을지 지금 생각해도 미안함이 앞선다.

인도네시아 공장의 직원들은 하나같이 낙천적이었다. 다만 대부분이 큰 뜻이나 비전은 고사하고 일할 의욕 자체가 별로 없다는 게 문제였다. 지시하는 업무만이라도 제대로 처리하면 괜찮을 텐데, 맡은 일조차 이런저런 핑계를 대며 회피하기 일쑤였다.

지각해도 회사에 연락조차 하지 않았다. 처음에는 매일 20퍼센트 정도의 직원이 아예 출근을 하지 않았다. 그래서 아침 조회를 안 하면 그날 몇 명이 출근했는지조차 알 수 없었다. 어쩔 수 없이 각 반(班)마다 점검을 해서 몇 명이 빠졌는지 반별로 파악을 한 뒤에 인원을 재배치했다. 무단결근을 전제로 공장이 움직였던 것이다. 개중에는 출근만 하고 화장실에 숨어 하루 종일 나오지 않는 사람까지 있었다.

인도네시아에서는 직원이 파업을 해도 그것을 이유로 불이익을 주면 안 된다. 회사가 직원의 월급에서 일하지 않은 기간분을 제하면 막대한 벌금을 물리는 법도 있었다. 노동자 보호를 위해 마련된 법이지만, 이래선 외국 기업이 진출하기가 어려웠다. 공장을 가동하기 시작한 뒤로도 파업이 일어나거나 공업단지 전체의 노동쟁의가 벌어져 공장이 습격을 받는 등, 수많은 난관이 뒤따랐다.

그중에서도 가장 곤란한 건 도난 사고였다. 부품이나 전선은 물론, 대형 중장비까지 도난당했다. 이를 막기 위해 경비원을 고용하면, 도리어 경비원들이 직원과 짜고 물건을 빼내는 일을 도왔다. 당시 수마트라 섬은 인도네시아에서도 치안이 가장 나빠, 일본 기업 중에는 진출하자마자 철수한 곳마저 있을 정도였다.

이러다가는 기본적인 공장 운영조차 어려울 것이라는 생각에 경비원을 전원 해고하고, 인도네시아 해군 관련 경비업체에 업무를 맡겼다. 회사 내에는 도난 방지를 위한 금속탐지기를 설치했고 직원들의 근무 태도를 바로잡는 조치도 마련했다. 사전 보고 없이 지각하거나 결근한 직원들은 옐로우 카드를 받았다. 옐로우 카드 세 번이면 레드 카드, 즉 해고였다. 처음 이 규칙을 시행하자 옐로우 카드를 받는 사람이 너무 많아, 경고 횟수를 세 번에서 네 번으로 바꾸기까지 했다. 또 옐로우 카드의 효과를 높이기 위해 카드를 받은 사람의 얼굴 사진을 공장 안에 붙이려 했지만, 이는 노조가 반대해 물러설 수밖에 없었다.

처음에는 월급을 타사 수준과 비슷하게 맞췄다. 그런데 '우리 공장은 관리가 엄격해서 다른 곳보다 훨씬 힘들다'고 직원들이 반발을 해왔다. 그래서 급여를 해당 공업단지 가운데 가장 높게 책정하여 인상했다. '줄 건 제대로 줄 터이니 열심히 일하라'는 뜻이었다. 이로써 직원들의 불만도 수그러들기 시작했다.

물론 인도네시아에도 비전이나 의욕을 가진 직원들이 있었다. 그런 특별한 이들은 잘 선별해서 공장장처럼 책임 있는 자리에 앉혔다.

2004년에는 리스크를 분산하기 위해 베트남에도 새로운 공장을 세웠다. 인도네시아 공장에만 의존하다가 만일 화재 같은 사고라도 나면 회사는 그걸로 끝이기 때문이다. 중국을 제외했던 이유는, 당시 중국에는 외국 기업이 합작회사 자본의 50퍼센트 이상을 소유하지 못하도록 제한하는 법이 있었기 때문이다. 하지만 경영권을 쥐지 못하면 제대로 운영하기 힘들다는 것을 우리는 직접 겪어서 배운 터였다. 자사 생산을 시작하기 전 해외 제조사와 거래를 하면서 체득한 내용이었다. 지금도 나는 '중국은 제품을 팔 곳은 있지만 만들 곳은 없다'고 생각한다. 여러 방면으로 조사를 한 끝에 우리는 '베트남이 최적지'라는 결론에 도달했다.

지금은 인도네시아와 베트남 공장 모두 일본 내의 회사처럼 관리, 운영되고 있다. 업무 태도가 성실치 못한 직원은 배치전환하거나, 정도가 심할 경우 아예 퇴사시킨다. 국내 방식을 해외에서도 고수하지 못하면 일정 수준의 품질을 유지할 수 없고, 생산성도 떨어지기 때문이다.

마쓰쿠라 사장도 처음에는 해외 생산에 소극적이었다. 하지만 가구 제조에 관해서만큼은 신뢰할 만한 기술력과 노하우를 갖고 있었고, 일본 본사에서 요청하는 어떤 일도 완벽히 수행해냈다. 원래부터 방법과 순서는 확실하되, 우리와 방향이 조금 달랐을 뿐이다. 니토리에서 새로운 방향을 제시하자 그는 누구보다 열심히 따라줬다.

'미션 임파서블'은 없다

몇 년 전부터 우리는 침대와 소파 생산을 시작했다. 나는 10여 년 전부터 일본 가구업계에서 주류를 이루던 '상자형 가구'는 모두 사라지고 대신에 침대, 소파처럼 '다리 달린 가구'가 주축을 이루게 될 것이라고 말해왔다. 그러니 이런 종류의 가구 생산에 적극 뛰어들어야 한다고 주장했는데, 처음에 마쓰쿠라 사장은 내 말에 크게 귀 기울이지 않았다. '상자형 가구를 만들던 곳이 갑자기 침대나 소파를 만들 수야 없지 않느냐'는 얘기였다. 하지만 상자형 가구의 매출이 점차 떨어지자 어쩔 수 없이 내 의견을 따르는 쪽으로 방향을 바꾸었다.

방법을 모른다고 못할 일은 없다. 만들 줄 아는 사람을 데려오면 그만이다. 나는 태국, 말레이시아 등 아시아 각지에서 침대나 소파 제조에 능통한 인재들을 적극적으로 영입했다.

다만 침대 제작에 관해서는 조건을 하나 붙였다. '부품을 밖에서 사 오지 말고 모두 내부에서 만들어 조달하라'는 것이었다. 이를 위해서 먼저 부품의 원료가 되는 우레탄 생산부터 시작했다.

우레탄 생산에는 10종류 이상의 재료가 들어간다. 이 재료들을 녹이고 잘 섞으려면 대형 설비가 필요한데, 일단 시설을 갖추고 나면 부품을 외부에서 구입할 때에 비해 절반 가까이 비용이 절약된다.

우리가 직접 우레탄을 생산하면서 처음으로 알게 된 사실이 있었다. 그때까지 외부에서 공급받은 우레탄 부품의 대다수에 석회가 섞여 있었던 것. 우레탄을 거래할 때는 '무게당 얼마' 하는 식으로 가격을 책정하기 때문에, 생산업자들이 조금이라도 무게를 늘리기 위해 석회를 섞었던 것이다.

석회가 섞이면 당연히 우레탄 성능에 영향을 미친다. 복원력이 떨어져 1, 2년 정도 지나면 그대로 주저앉아 버린다. 니토리의 대형 제품들은 대개 보증 기간이 5년이기 때문에 그렇게 되면 곤란했다. 우리는 자사 생산을 계기로 그때까지 우레탄 소재 부품을 납입하던 업자들 대부분과 거래를 중단했다.

지금은 마쓰쿠라 사장이 도리어 "더 어려운 과제를 내달라"고 말할 정도다. 까다로운 요구 사항을 하나씩 해결해나가는 게 즐겁다는 그의 말은 우리에게 적지 않은 힘이 되었다.

그때부터 우리는 매년 한 차례씩, 새로운 과제를 발굴하여 도전하기 시작했다. 일례로 손가락 하나로도 쉽게 열 수 있는, 레일이 달린 서랍을 개발했다. 다만 기존에 비해 비용이 증가해서는 안 된다는 것이 전제조건이었다. 일반적으로 생각하면 제작비가 늘어날 것 같지만, 저렴한 소재를 찾거나 아예 그 소재 자체를 저렴하게 생산하는 개선 방법을 충분히 발굴할 수 있다.

지진에 쓰러지지 않는 수납장을 만드는 과제도 있었다. 수납장은 보통 흔들리는 동시에 문이 열리고, 그 안의 내용물이 쏟아져 나오면서 넘어지게 된다. 우리는 지진에 문이 열리지도, 쓰러지지도 않는 수납장을 기존과 동일한 비용으로 탄생시켰다. 이 밖에 동전으로 긁어도 상처가 나지 않는 도장, 뜨거운 물체를 가까이 대도 그을리지 않는 도장 등을 추가 비용 없이 실현할 수 있었다.

니토리는 고객의 불만, 불편 사항을 수용하여 그것들을 해소하기 위한 과제를 설정한다. 그리고 니토리퍼니처는 이런 요구 사항을 반영한 개선 노력으로 과제를 해결한다. 각자의 역할 분담으로 하나의 임무를 완수하는 것이다.

현재는 인도네시아 공장에 직원 1,200명이, 또 베트남 공장에는 여성 인력을 중심으로 3,800명이 일하고 있다. 특히 규모 면에서는 베트남 공장이 주력 시설로서 역할을 하고 있다. 베트남 공장은 건물이 5만 평에 이르지만, 일본인 직원은 10여 명에 불과하다. 이곳에서는 상자 형태의 가구부터 침대 매트리스까지 모든 종류의 가구와 소품들을 생산한다. 여기서 만든 침대 매트리스만 해도 2015년 한 해 동안 24만 개가 팔렸으며, 제품 전체로 따지면 연간 80만 개의 니토리 상품이 판매되었다.

이에 더해 우리는 베트남의 바리어붕따우 지역에 새로운 공장을 건설할 계획을 세우고 있다. 공항 및 항만과 가까운 100만 평 공업단지에 12만 평 토지를 마련하여 2017년 8월에 착공할 예정인데, 침대를 비롯한 가구 생산은 물론이고 중국에 있는 봉제 공장까지 이곳으로 옮겨올 생각이다.

일본 최초의 제조·물류·소매업체

나는 사업에 필요한 모든 것을 우리가 직접 감당하는 방식을 구상했다. 예를 들어 판매 체인도 프랜차이즈화해선 안 된다. 경영을 외부인에게 맡기는 건 '가려운 곳을 옷 위에서 긁는 것'이나 다름

없다. 시간이 조금 더 걸려도 매장을 직영 방식으로 운영하는 게 중요하고 또 필요하다.

한때 종합상사에 의뢰했던 수입 업무도 이제는 '니토리트레이딩(ニトリトレーディング)'을 설립해 자사 차원에서 직접 진행한다. 중간에 낀 종합상사에 휘둘리기보다 직접 수입하는 편이 더 빠르고 효율적이라 판단했기 때문이다.

그러는 사이 니토리는 기획과 품질관리, 제품 수입 및 판매를 동시에 총괄하는 일본 최초의 '제조·물류·소매업체'가 되었다. 다른 업종에서는 좀처럼 찾아보기 힘든 방식이다.

모든 것을 직접 한다는 데는 표면적인 수익 이상의 이점이 있다. 무엇보다 직원들이 기술과 노하우를 직접 익혀 해당 분야의 전문가가 될 수 있다. 즉, 인재를 폭넓게 키울 수 있는 것이다. 기업은 사람에 달렸다. 사람을 키우는 회사는 처음의 목표를 향해 함께 성장해갈 수 있다. 매장이나 조직을 만드는 것도 물론 중요하지만, 그보다 더 우선해야 하는 것이 사람을 키우는 일이다.

아쓰미 선생은 소매체인이 제조업에 진출하는 것을 인정하지 않았다. 혹시라도 그 사업이 여의치 않을 경우, 생산 설비를 곧바로 접고 분리할 수가 없기 때문이다. 또한 외부 업체를 통해 제조를 하면 여러 제조사들끼리 경쟁을 시켜, 경쟁력이 떨어지는 업체는 바로바로 교체할 수 있다. 그게 아니고 자체적으로 제작을 하게 되면 생산력이나 경쟁력이 떨어지는 설비조차 떠안아야 한다. 그런 위험성을 아쓰미 선생은 지적했던 것이다.

하지만 나는 그 모든 리스크를 감수하고 제조업에 직접 뛰어들었다. 처음에는 1986년 마루미츠목공에 출자한 게 전부였다. 이때는 아쓰미 선생이 무서워 아무런 보고를 하지 않고 몰래 일을 벌였다. 그러다 인도네시아 공장을 세운 사실을 들켰고 선생은 그 시설을 직접 보고 싶어 했다.

오래전에 선생이 니토리 2호점을 둘러보고 호된 질책을 했던 적도 있던 터라, 나는 선생이 공장을 견학하는 내내 긴장할 수밖에 없었다. 다행히 아쓰미 선생은 흡족해했고, 그 후 페가수스클럽 회보에 니토리의 인도네시아 공장을 직접 소개해주기까지 했다.

공장의 적자가 쌓이고 수입품 문제가 지속적으로 발생해도 우리는 결코 포기하지 않았다. 그 기간을 버티고 나니 노하우가 쌓이고 해외 생산 시설이 견고해져 경쟁력이 크게 향상되었으며, 독자적인 비즈니스 모델도 세울 수 있었다.

모두가 물러서지 않는 집념 덕에 가능한 일이었다.

150만 원짜리 침대를 70만 원에 팔 수 있는 이유

침대 개발 과정은 내가 직접 진두지휘한 특별한 경우였다. 처음에는 직원들에게 맡겼는데 지지부진해서 생각만큼 결과가 나오지 않았다. 그래서 "나 역시 많이 부족한 초짜지만, 도리어 아무것도 모르는 게 나을지 모른다"며 직접 뛰어들었다. 덕분에 한때는 베트남과 대만 등을 거의 내 집처럼 드나들곤 했다.

상품 개발이 제대로 이뤄지지 않은 건 개발 담당자들이 그때까지의 상식에 지나치게 얽매여 있었기 때문이다. 예를 들어 그들은 침대 매트리스는 무조건 딱딱한 게 좋다고만 생각했다. 업계에 통용되는 상식이었지만, 나는 도리어 그것이 '근거 없는 맹신'이라고 생각했다.

중요한 건 '고객이 무엇을 원하느냐'였다.

지금의 니토리 침대는 매트리스 안의 코일 하나하가 독립돼 있는 '포켓코일 방식'을 채택하고 있다. 포켓코일은 코일 하나하나에 천을 덧대 만든 것으로, 다른 침대 제조사에선 거의 시도하지 않는 방식이다. 생산 원가가 높아지기 때문이다. 보통의 제조사들은 코일과 코일이 이어져 있는 방식으로 매트리스를 만든다. 때문에 더블침대의 경우 한 사람이 움직이면 옆에 있는 사람에게도 진동이 전해진다. 독립된 형태의 코일이 더 좋다는 것은 누구나 알았지만 비싸면 잘 안 팔릴 것이라는 생각에 제품을 개선할 시도를 아무도 하지 않았다.

니토리에서는 생산 비용을 최대한 낮추기 위해 매트리스 스프링, 와이어 등의 자재를 구입해 코일부터 직접 만들기 시작했다. 그 결과 외부에서 코일을 구입할 때보다 비용이 반값 이하로 떨어졌다.

결과적으로 니토리 침대의 가격은 같은 품질의 타사 침대에 비해 절반, 혹은 그 이하 수준으로 저렴해졌다. 시중에서 대략 15만

엔(약 150만 원) 정도 하는 싱글침대를 니토리에서는 6만 9,800
엔(약 69만 8,000원)이면 살 수 있다. 2015년 대히트를 기록한 이
제품은 순식간에 23만 대나 팔려나갔고 2016년에는 더 많은 30
만 대를 목표로 판매를 계속했다.

니토리의 침대가 대히트를 기록한 덕에, 한동안 침체에 빠져 있
던 침대업계도 활기를 되찾았다. 업계 전반에 걸쳐 침대 판매량이
크게 늘어난 것이다. 물론 침대만을 취급하는 제조사들은 가격이
나 성능 면에서 니토리와 동일한 수준의 제품을 만들 수는 없었다.

우리는 소파에도 침대와 같은 방식의 코일을 적용해 신제품을
출시했다. 니토리 소파는 적층합판이라는 튼튼한 재료로 프레임
을 만든 것이 특징이다. 이 소파는 2015년에 7만 대의 판매량을
기록했다. 판매부서에서는 '2016년 10만 대'라는 목표를 보고했
지만, 나는 전년도의 판매 대수가 너무 낮아서 그 수치를 기준으
로 삼아선 안 된다고 반려했다. 이후 신규 개발을 통해 소파의 품
목을 더 다양화했고 2016년 목표는 전년 대비 2배인 14만 대로
조정했다.

신제품이 성공하려면
신중함보다 배짱이 필요하다

———

니토리의 기본 정책은 지금까지 비싸서 널리 보급되지 못한 제품

을 자사 생산을 통해 저렴한 가격으로 소비자들에게 제공하고, 누구나 사용할 수 있는 상품으로 만든다는 것이다.

다리 부분을 올렸다 내렸다 할 수 있는 리클라이닝 소파도 그런 제품 중 하나였다. 비행기의 퍼스트 클래스 좌석은 다리를 두는 곳이 자동으로 오르락내리락한다. 나는 그런 느낌의 리클라이닝 소파를 저렴한 가격으로 제공하고 싶다는 생각을 했다. 수입산 가구 중에 그런 제품이 있긴 했지만 가격이 너무 비싸 20만~30만 엔(약 200만~300만 원)을 호가했다. 우리는 이 제품을 직접 만들어 6만 9,000엔(약 69만 원)까지 낮춘 가격으로 판매 개시했고, 일본 전역에서 날개 돋친 듯 팔려나갔다.

이처럼 가격 파괴를 목표로 신제품을 개발할 때는 처음부터 충분한 물량을 양산하는 것을 전제로 한다. 새로 내놓는 제품은 먼저 고객들에게 인지시키는 작업이 필요하다. 일례로 니토리에서는 가을·겨울용 제품을 내리고 봄·여름용 제품을 전시할 때 전체의 30~50퍼센트에 해당하는 공간을 사용한다. 비중이 이보다 적으면 고객들이 제대로 인지하기 어렵다. 20퍼센트 정도로는 아예 눈길이 가지 않고 최소 30퍼센트 이상은 필요하다(적정 수준은 40퍼센트 정도라고 본다).

실제로 우리는 전시 공간을 충분히 확보하지 못해서 큰 실패를 한 경험이 있다. 몇 년 전 '니토리 컬러'라는 이름으로 녹색과 빨간색의 무지 상품을 코디네이션하여 판매를 했다. 첫 시도였기에 불안감이 앞서서 매장 전체 공간의 10~20퍼센트만 소심하게 활용했다. 고객들은 이것을 제대로 인지하지 못했고 판매는 부진할 수밖에 없었다. 재고가 산더미처럼 쌓여 '이대로는 새로운 제품 매입조차 어렵겠다'는 직원들의 조언에 따라 어쩔 수 없이 대폭 할인된 가격으로 물건들을 처리했다.

새로운 상품 판매를 시작할 때 '그렇게 많이 만들어놓고 못 팔면 어떻게 하느냐'는 걱정에 생산량이나 제품 매입량을 억누르면, 가격을 낮추기 어려워져 결국 제품 자체가 잘 안 팔리게 된다. 대량으로 제품을 들여와야 처음부터 저렴하게 팔 수 있고 고객들이 더 많이 선택하게 된다. 그만큼 배짱이 중요하다. 물론 '이 가격이라면 어느 정도를 팔아야 비용을 회수하고 이익을 낼 수 있을지' 치밀하게 계산하는 과정도 소홀히 해서는 안 된다.

제품의 생산 초기, 아직 일정한 수량이 확보되지 않은 경우에는 적자를 감수하고 가격을 책정하기도 한다. 나중에 생산량이 궤도에 오르고 나면 그때부터 이익이 날 것이기 때문에, 그것을 전제로 지금은 다소 채산이 안 맞는 가격을 매기는 것이다.

이처럼 대량 생산이나 대량 구매로 비용을 낮추려면 매장의 수가 충분해야 한다. 가구는 한 점당 단가가 높기 때문에 생산량에 상대적으로 영향을 덜 받지만, 인테리어 소품 같은 경우에는 최소 로트(제품의 1회당 생산 단위 수량-옮긴이)가 1,000에서 2,000단위에 이른다. 니토리 매장이 아직 30개 정도였을 때는 그 정도의 수량을 감당하기 힘들었다. 발주량이 일정한 선에 미치지 못하면 제품을 저렴하게 매입할 수 없기 때문에 이익도 나기 힘들다.

그럼에도 나는 '일본 최초의 홈퍼니싱 업체가 되겠다'는 비전을 밀고 나갔다. '몇 년쯤 지나 매장 수가 늘어나면 이익이 나기 시작할 것이다. 그때까지 잘 견디자'는 전략으로 판매를 지속했다. 생산량에서 자유로워진 건 100호점을 넘어서면서부터였다. 200호점에 이르자 구매력이 눈에 띄게 높아졌고, 400호점에 달한 지금은 장악력이 한층 더 세졌다.

유니클로와 티셔츠 판매 경쟁을 하는 가구회사

매장 수가 늘어나면서 단가가 낮은 상품의 자사 개발도 가능해졌다. 예를 들어 니토리에서 개발한 상품 중에 'N쿨'이라는, 기능성 냉감 소재를 사용한 침구류가 있다. 니토리에서만 연간 500만 장이 생산되는 제품이며, 전국적으로 팔리는 동일 소재 침구류 가운데 니토리 제품이 무려 50퍼센트 이상을 차지한다.

이 제품의 시장이 이렇게 넓어진 건 소비자들의 분명한 니즈가 있었기 때문이다. 일본의 여름은 푹푹 찌는 듯한 더위 때문에 밤에 잠들기조차 힘들 정도다. 그렇다고 에어컨을 계속 켜놓으면 자칫 냉방병에 걸릴 수도 있다. '냉방 없이도 쾌적하게 잠들도록 돕는 상품을 만들 수 없을까?' 하는 생각에 기존 소재를 두고 여러 실험을 해보았지만 어느 것 하나 성공하지 못했다. 그래서 우리는 침구 소재 제조사에 특별히 개발을 요청했고, 완성된 소재를 가장 먼저 채용해 제품화했다.

다른 유통 대기업의 경우 대부분 제품 전체를 제조사에 맡겨 위탁 생산을 한다. 하지만 여기에는 비효율적인 면이 있다. 예를 들어 엔저 시기라면 수입 가격이 올라 제품 가격도 인상할 수밖에 없다. 하지만 니토리의 경우 신기술만 채용하고 그 밖의 다른 부분은 자사 생산했기 때문에, 환율 변동에도 대응할 여지가 있었다.

소재 제조사 입장에서도 이 같은 공동 개발은 이점이 있다. 개발에 성공하기만 하면 확실한 판로를 개척할 수 있기에 제조사끼리도 치열한 경쟁에 나섰다. 동시에 니토리로서는 제품 그 자체를 사는 것이 아니라, 새로운 기술을 산다는 이미지를 내세울 수 있다. 완성품은 자사의 해외 공장에서 만든다. 고객의 불편함과 불만을 해소하는 기술은 국내에서 개발하고, 그 기술을 해외에 가져가 저비용으로 생산하는 것이다. '니토리에서 제조한다'는 건 바로 이런 과정을 의미한다.

얼마 전 효고(兵庫) 현의 다카라즈카(宝塚)에서 니토리와 유니클로(UNIQLO)가 같은 건물에 입점한 사실이 화제를 모았다. 니토리에서도 파자마와 속옷 등의 기본 의류를 판매하기 때문에 의류 업체인 유니클로와 더 비교가 된 듯하다. 특히 매장에 비치된 N쿨 소재의 티셔츠는 특별한 광고 없이도 꾸준히 높은 판매고를 올리고 있다.

의류 판매를 처음 제안한 건 내가 아닌 직원들이었다. 나는 굳이 기본 의류까지 취급할 필요가 있느냐는 입장이었지만 '홈웨어의 연장'이라는 직원들의 설득에 결국 승낙을 했다. 이런 아이디어가 가능했던 것은 니토리에서 20년 이상 꾸준히 교육받은 직원들이 늘어나 그 성과가 드러난 덕분이라고 생각한다.

회사를 빼앗길 뻔했던 기억

경영자는 기본적으로 참는 게 일이다. 나는 미래에 달성해야 할 비전이 있기 때문에, 힘들다 해서 일을 관두겠다고 생각한 적은 물론 없다. 그러나 크게 실망한 적은 있었다. 사실 셀 수 없을 만큼 많았다.

물론 성장의 과정에서 역경이란 불가피한 요소다. 다만 그 역경을 극복하여 두 번 다시 같은 일로 고생하지 않도록 대책을 강구하는 게 중요하다. 그럼으로써 나와 조직의 구성원들이 함께 성장할 수 있다. 경험에는 수업료가 필요한 법이다. 공짜로는 절대 성장할 수 없다고 나는 생각한다.

한번은 내 안이한 대처 때문에 회사가 위기를 맞은 적도 있었다. 1980년대 어느 해였다. 나는 한 대형 양판점에서 경력직 직원 열다섯 명을 채용했다. 같은 회사에서 그렇게 많은 인원을 뽑은 건, 그 회사에서 온 상무가 자기 후배들 중에 뛰어난 인재가 많다며 대거 영입했기 때문이다. 하지만 그렇게 들어온 이들은 나보다 그 상무의 말대로 움직였다. 게다가 시간이 흐를수록 상무는 나를 점점 무시하고 내 지시를 묵살하기 시작했다.

당시 여덟 명이었던 임원 가운데 다섯 명이 그 상무와 같은 양판점 출신이었다. 상무 일파는 회사 전체를 멋대로 주무르기 시작했다. 그러는 동안 나는 무기력한 상황에 처했다. 매장에서 뭔가 이상한 낌새를 채고 지시를 내렸을 때는 "우리 나름의 방식으로 하고 있으니 쓸데없는 참견 말라"는 이야기까지 들었다. 나는 회사에 나와도 할 수 있는 일이 아무것도 없었다. 그렇게 1년 가까이 시간을 허비하고 말았다. 상무와 그 일파들은 내가 고수해온 저가 전략 자체를 부정하고, 언제부턴가 상품 가격도 하나둘 인상하기 시작했다.

매출은 어느덧 악화일로를 걷고 있었다. 나는 '이대론 안 되겠다'는 결단을 내렸다. 그들을 싸워서 내보내든, 회사가 문을 닫든 결판을 내려야 했다. 결과적으로 나는 그 일파 대부분을 퇴사시켰다. 아직까지 남아 있는 그 양판점 출신 직원은 단 둘뿐이다.

그전에도 비슷한 일이 있었다. 창업 후 5~6년 정도 지났을 무렵, 지역 백화점의 가구 매장 책임자에게 우리 회사의 영업부장으로 와달라고 제안을 했다. 그 사람 역시 외부에서 사람을 데리고 와, 원래부터 있던 직원들을 따돌리고 자기 파벌을 만들기 시작했다. 이때도 한 1년 정도는 회사가 어수선했다.

그 와중에 거래처로부터 이상한 소문이 들려왔다. 그 무리들이 소위 '백마진'이라고 하는 일종의 리베이트를 거래처에 요구한다는 것이었다. 게다가 경리 책임자 등이 어음을 현금화하고 이를 개인적으로 착복한 정황이 드러났다. 이들은 사내 여직원을 상대로도 물의를 일으켜, 회사는 이래저래 혼란스러운 상황에 처했다. 사람을 기만하는 데 도가 튼 그들의 모습에 나는 크게 실망했다.

이후 나는 회사를 지키기 위해 대대적인 싸움을 시작했다. 최종적으로 전 직원의 80퍼센트에 해당하는 20여 명을 내보냈다. 남은 건 나와 아내 외에 4, 5명뿐이었다. 니토리 매장이 세 개뿐인 시절이긴 했지만, 막상 직원들을 거의 다 내보내고 나니 운영이 가능할지 걱정이 되었다. 하지만 남은 이들은 그 일을 멋지게 해냈다. 아르바이트 직원들을 추가로 고용했는데도 기본 인건비가 순식간에 3분의 1로 줄어 수익률은 오히려 큰 폭으로 늘어났다.

현재 니토리에서는 특정 파벌을 만든 사람은 즉시 퇴사시킨다. 그런 이들은 사내에 배타적인 무리를 형성해 자기들 이익만을 지키려 하기 때문이다. 능력에 자신이 있는 사람들은 파벌 따위는 만들지 않는다.

"당신은 운이 좋은 편입니까?"라는 질문의 마법

흔히들 '운도 실력'이라고 말한다. 나 역시 '운은 스스로 만드는 것'이라고 분명히 믿는다. 그렇다면 운을 만들기 위해 가장 필요한 게 무엇일까. 나는 그것이 '포기하지 않는 자세'라고 생각하며, 니토리에서는 이를 '집념'이라고 표현한다.

뭔가가 마음에 들지 않는다고 쉽게 뒤돌아서는 사람은 절대로 운을 만들지 못한다. 힘든 시기를 참아내고 나서야 비로소 운이 모습을 드러낸다. 여기서 운이란 '자연히 그렇게 될 운명'을 말한다. 평소에 지속적으로 노력한다면 어떤 어려움에 직면해도 반드시 구세주가 나타나고, 뭔가가 절실히 필요할 때 돌파구가 열리게 된다. 그것은 포기하지 않고 노력할 때만 가능한 일이다. 큰 뜻과 비전을 품고 지속적으로 나아가기 때문에 운이 생기는 것이다.

'운 좋은 사람'과 마찬가지로 '운이 따르는 회사'는 그냥 만들어지지 않는다. 운이 좋아서 회사에 인재와 돈이 모이는 게 아니다. 큰 뜻과 비전이 있기에 운이 고여 나오는 것이다. 뜻과 비전이 없다면 노력을 지속할 수 없고, 결코 운이 따르지도 않는다.

글로벌 가전 브랜드 파나소닉(Panasonic)을 창립한 마쓰시타 고노스케(松下幸之助) 회장은 채용 면접을 볼 때 반드시 하는 질문이 하나 있었다고 한다.

"당신은 지금껏 인생에서 운이 좋았습니까, 나빴습니까, 아니면 보통이었습니까?"

'운이 나빴다'고 답한 사람은 절대 뽑지 않았다. 나는 이 질문만으로 면접자들의 당락을 결정하지는 않지만, 중요한 참고사항으로 삼기 위해 '당신은 운이 좋은 편인지'를 꼭 묻는다.

매년 30~50명 정도의 경력직 사원들이 니토리에 입사하는데 실제로 살펴본 결과 그들 중 면접 때 '나는 운이 안 좋은 편'이라고 답했던 사람들은 비교적 이른 시기에 퇴사하는 경향이 있었다. 자신은 운이 없다고 생각하는 사람은 대개 포기가 빠르고, 힘든 상황을 맞았을 때도 뭔가를 극복하려는 투지 없이 그대로 주저앉는 경우가 많다.

"그때 그 선택을 한 건 정말 행운이었어."

운이 따르도록 만드는 또 한 가지 중요한 습관은 '꾸미지 않는 것'이다. 자신의 있는 그대로를 보여주는 건 부끄러운 일이다. 그래서 대부분의 사람들은 뭔가로 자기를 감추고 그럴듯하게 포장하려 한다. 하지만 자신이 맨몸으로 나서지 않으면 상대방도 맨몸이 되지 않는다. 이는 머리로는 잘 알아도 쉽사리 실천할 수 없는 일이기도 하다.

남들에게 조금이라도 더 잘 보이고 싶다는 욕심을 내려놓고 있는 모습 그대로를 보여주면, 힘든 일을 겪을 때 내 결점을 보완해주고 도와주는 사람들이 나타난다. 그렇지 않고 나를 과장해서 꾸며내기만 한다면 주변에서는 '저 사람은 도움이 필요 없을 것 같으니 굳이 나서지 말자'고 생각하게 될 것이다. '나는 이런 문제로 어려움을 겪고 있고, 고민하고 있다'는 점을 숨김없이 드러내라. 그래야 실질적인 조언이나 도움을 받을 여지가 생긴다.

나는 운이 참 좋았던 사람이다. 그중에서도 최고의 행운으로 꼽고 싶은 일이 있다면 바로 아내와 결혼한 것이다. 나에게 큰 꿈과 비전이 생기기 전의 일이긴 하지만, 손님을 맞는 일조차 서툴렀던 내가 만약 아내와 결혼하지 않았다면 가구점은 벌써 문을 닫았을 것이고 지금의 니토리도 없을 것이다.

한편으로 생각하면 가게에서 손님을 상대하는 일이 내게 맞지 않아서 제품 매입이나 배달 일만 했던 것이 회사를 키운 계기가 되었다고 볼 수도 있다. 만약 내가 접객 능력이 뛰어났다면 다른 사람에게 맡기지 않고 내내 매장에만 머물렀을 것이다. 그랬다면 아마도 회사를 외부로 확대하는 일에는 큰 관심을 두지 않았을 것이다.

무엇이 더 나은 선택인가는 시간이 흐르지 않으면 알 수 없는 법이다. '그때 그렇게 해서 정말 다행이었다'고 말할 수 있는 건 오로지 포기하지 않고 노력한 사람들뿐이다.

성공을 이끌어내는 '밝은 철학'

집념에는 '밝음'이 결여되어선 안 된다. 나는 이를 '밝은 철학'이라 부른다.

'밝다'는 건 미래에 희망을 가진다는 뜻이다. 미래에 희망이 있으면 변화가 전혀 두렵지 않다. 큰 뜻과 비전 달성에 기쁨을 느끼고, 장애물을 하나씩 극복할 때마다 비전에 더 가까이 다가갈 수 있으리라 믿으며 노력한다. 그래서 밝은 생각은 곧 포기하지 않는 집념으로 이어진다.

위험을 무릅쓰는 배짱과 용기 역시, 미래에 희망을 갖는 데서 생겨난다. 어두운 철학을 가진 사람은 장애물을 만나면 겁을 내고 주저한다. 그 자리에 멈춰 서서 나쁜 결말만을 상상하고 쉽게 결단을 내리지 못한다. 또 문제가 발생하면 '역시 나는 안 된다니까…….' 하며 지레 포기해버린다. 비관적인 관점으로만 생각하면 마지막에는 결국 실패밖에 남지 않는다. 철학의 차이만으로 천당과 지옥 수준의 격차가 생기는 것이다.

밝은 철학의 이점은 그뿐만이 아니다. 밝은 사람 주변에는 일단 사람들이 모인다. 큰 뜻을 실현하고 싶다면 마치 자석처럼 사람들을 끌어당길 수 있어야 한다. 그렇게 되려면 가장 중요한 것이 바로 밝은 태도이다. 늘 웃는 얼굴을 한, 유머 있는 사람에게는 누구든 끌린다. 사람은 즐거운 곳에 관심이 가고 그쪽을 향하게 되어 있다. 성실함이나 청렴한 등 사람을 끄는 다른 요소들도 많겠지만 나는 그중에서도 밝음이 가장 중요하다고 믿는다.

나는 남녀를 불문하고 애교가 있어야 한다고 입버릇처럼 말한다. 애교라고 하면 보통 '여성들이 부리는 아양' 정도로 이해하는데 내가 말하는 애교란 곧 '밝은 태도'다. 지금도 나는 밝은 사고방식을 유지하고자 심혈을 기울인다. 기업의 경영자도 밝은 철학과 애교가 필요한 것은 예외가 아니기 때문이다.

경영자가 부정적인 말을 하면 그 회사는 전진할 수 없다. 누구나 어두운 달이 아니라 밝은 태양을 바라보며 나아갈 때 훨씬 힘이 난다. 그래서 '장'이 붙은 직함을 가진 책임자들은 무조건 밝아야 한다.

은행도 웃는 사람에게 돈을 빌려준다

———

회사를 경영하면서 수시로 '밝음의 힘'을 절감하는데, 특히 돈을 빌릴 때가 그랬다. 지금이야 니토리가 실질적인 '무차입 경영 방침'을 고수하지만, 창업 초기에 신규 매장을 열 때만 해도 융자를 받을 수밖에 없었다. 1호점을 냈을 때는 부모님과 지인들에게서 돈을 빌렸고, 2호점을 낼 때는 은행과 신용금고에서 대출을 받았다. 특히 2호점을 준비하면서 금융기관 이곳저곳을 돌았는데 처음에는 아무도 상대해주지 않았다.

힘이 쭉 빠진 어느 날 문득 거울을 보니 내 얼굴이 긴장된 채 잔뜩 굳어 있었다. 묘한 비장감마저 엿보였다.

'이래 가지고서 돈을 빌릴 수 있겠어? 내가 그 은행 담당자라도 이 얼굴을 한 사람한테는 돈을 못 내주겠다.'

그렇게 생각한 나는 혈색이 좋아보이도록 볼을 두드려가며 만면에 미소를 짓는 연습을 반복했다. 그런 뒤에 지역 신용금고를 방문하여 당당히 융자를 받는 데 성공했다.

또 언젠가는 니토리의 주거래 은행이었던 홋카이도 다쿠쇼쿠(拓殖) 은행이 파산하는 바람에 긴급 자금이 필요했던 적이 있었다. 그때도 금융기관 여기저기를 돌아다니며 추가 융자를 요청했지만 단 한 곳도 응해주지 않았다. '이 정도면 실적도 나쁘지 않은데 도대체 왜 대출이 안 되는 거야?'

절박한 심정으로 차에 앉아 있던 나는 문득 백미러에 비친 내 얼굴과 마주쳤다. 거기에는 막다른 길에 내몰린, 번민에 찌든 남자가 있었다. 나는 2호점 오픈 때 대출에 성공했던 기억을 떠올리며 자신만만한 얼굴로 다음 은행을 찾았고, 그곳에서 성공적으로 융자를 받을 수 있었다.

성공하고 싶다면 먼저 '그 사람을 보면 괜히 기분이 좋아진다'는 이야기를 들을 만큼 밝은 사람이 되도록 노력하라. 누구든 내게서 밝은 기운을 느끼도록 늘 의식하고, 행동으로 드러내라. 어느 누구와 만나더라도 만면에 웃음을 띠는 게 가능해야 한다.

그러면 사람들이 점점 내 주위로 모이게 된다. '이 사람은 밝은 기운을 갖고 있다'는 인식이 주변에 생기면 그 수는 더 늘어날 것이다. 어둡고 상대를 거만한 시선으로 내려다보는 이는 아무도 가까이하고 싶어 하지 않는다.

나는 몇 인분의 삶을 살고 있는가?

누구에게나 똑같이 한 번뿐인 인생이지만 평생 동안 남들의 두 배를 성취하는 사람도 있고, 몇 걸음 내딛지 못하고 도중에 포기하는 사람도 있다. 또한 회사를 2~3배로 키우는 게 목표인 경영자가 있는가 하면 100배, 아니 1,000배 성장을 꿈꾸는 경영자도 있다. 나는 항상 '몇 인분의 삶을 살고 있는지'를 자신에게 묻곤 한다.

지금의 내 목적은 돈을 버는 것이 아니다. 나와 아내 모두 사치스러운 것에 큰 관심이 없다. 아내의 취미라면 기껏해야 지인들과 좋은 곳에서 식사하는 정도가 전부다. "더 괜찮은 물건을 사거나 좋아하는 일에 돈을 써도 좋지 않겠어?"라고 물으면 아내는 별로 원하는 것도, 사고 싶은 것도 없다고 답한다.

나 역시 비슷하다. 원래부터 힘들게 살아온 탓인지 사소한 물건도 쉽사리 버리지 못한다. 물론 사업을 해온 덕에 유행에는 민감한 편이라 어떤 게 유행이고, 어떤 게 유행에 뒤처진 것인지는 금세 알 수 있다. 하지만 그렇다고 비싸게 주고 산 옷을 쉽게 버릴 수는 없다. 아내가 간혹 이렇게 잔소리를 할 정도다. "안 입는 건 바로바로 버려요. 당신처럼 계속 쟁여놓고만 있으면 옷 장사들 전부 문 닫는다니까."

옷만이 아니라 자동차도 바꾸기가 좀처럼 쉽지 않다. 20여 년 전 국산 고급차인 프레지던트를 사서 잘 타고 다녔다. 그 후 벤츠를 한 대 샀는데, 자주 이용하는 건 여전히 프레지던트였다. 벤츠는 한번 고장 나면 수리비가 상당히 비싼 편이라 조심스럽기 때문이다. 어떤 책에서 읽은 대로 "부자란 궁핍함이 몸에 익은 사람"인지도 모르겠다.

돈을 쌓아두는 것보다는 모험과 도전에 나서는 편이 나는 훨씬 즐겁다. 인생의 마지막 순간에 '파란만장한 삶이었지만 충분히 보람 있었다'는 생각을 할 수 있다면 행복할 것 같다.

큰 뜻과 비전을 추구하는 과정에 끝은 없다. 나는 세상에 조금이라도 기쁨을 더하는 일을 마지막까지 하고 싶다. 평균 수명이 80세를 훌쩍 넘는 시대이기에, 몸과 머리가 늙지 않도록 열심히 훈련하는 중이다.

나뿐만이 아니라 일에 욕심이 있는 사람이라면 누구든 나이와 상관없이 일할 수 있도록 기회를 주고 싶다. 전문가에게는 정년이 없다고 믿기 때문이다. 니토리의 정년은 60세이지만 기술이나 능력만 있다면 그 이후에도 얼마든 일할 수 있다. 사내의 '재고용 제도'가 이를 뒷받침하는데, 정년에 도달한 직원들은 60세부터 재계약을 맺을 수 있고 이후 65세, 70세, 75세, 80세가 될 때마다 계약을 갱신한다. 실제로 니토리에는 중도 입사해 80세가 되어서까지 일하는 사람이 있다.

재고용 이후의 급여는 절반 수준으로 조정된다. 정년을 채운 직원이라면 연봉이 1,000만 엔(약 1억 원) 정도 되기 때문에 그 절반만 해도 500만 엔(약 5,000만 원)은 받을 수 있다. 이 연령대의 평균 임금을 생각하면 결코 적지 않은 액수다.

한편으로 니토리는 타사의 퇴직자들을 적극적으로 영입하는 방침도 세우고 있다. 중국 둥펑혼다(東風ホンダ) 전 지사장인 스기야마 키요시(杉山清)를 시작으로 혼다자동차의 퇴직자들을 유치하는 데 적극 나서는 중이다. 이들은 사내의 '품혁(品革)'이라

불리는 품질개혁 부서에서 제품 점검 역할을 맡고 있다. 최근에도 혼다에서 62세 정년을 맞은 뒤 니토리로 온 직원이 있어서 노래방까지 빌려 환영회를 열기도 했다.

스기야마 씨는 1942년생으로, 혼다자동차에서 중국 자회사 사장까지 역임한 품질관리 분야의 전문가다. 더구나 대학을 나오지 않은 고졸 학력만으로 그 자리까지 오른 입지전적인 인물이기도 하다. 그에게 니토리에서 전무직을 맡아달라고 부탁했지만 본인이 "이 나이 먹고 임원 일을 하는 게 부끄러우니, 그저 고문으로 일할 수 있도록 해달라"고 요청했다. 지금도 그는 주 2, 3회 출근해 하루 4~5시간씩 근무하며 니토리 제품의 품질관리에 큰 힘을 보태고 있다.

기술과 의욕을 가진 사람들, 특히 조직 내 최고위직까지 역임한 이들이 퇴직한 뒤 아무런 보람 없이 연금만으로 생활하는 건 본인은 물론이고 사회 차원에서도 재능 낭비라 생각한다. 니토리에서는 경제산업성(산업의 육성 및 무역 관련 업무를 관장하는 일본의 행정기관-옮긴이) 차관 출신이 사외이사로 활동하는가 하면 경찰청 장관, 공정거래위원회 위원장, 히타치제작소(日立製作所, 일본의 전기 및 전자기기 제조업체-옮긴이) 사장 등을 역임한 이들이 사내 곳곳에서 활약하고 있다. 모두 조직 내 최고위직을 경험한 이들로 그들의 경험과 노하우, 안목 등이 니토리의 발전에 자양분이 되고 있다.

내 스승인 아쓰미 선생은 "무슨 일이든 '왜'를 일곱 번까지 물어야 한다"고 했다. 하지만 우둔한 나는 선생이 "왜 그렇게 해야 하냐"고 질문을 해도 제대로 답하지 못했다. 30년 가까이 지나서야 일곱 번 중 세 번은 답할 수 있게 되었고, 일곱 번 모두 답한 경우는 선생이 살아생전 단 한 번도 없었다.

선생이 없는 지금은 대신에 일본 사회를 대표하는 많은 이들에게 엄격한 지도와 조언을 받고 있으며, 현장을 잘 아는 인재들에게서도 여러 모로 배우고 있다.

이 책을 읽는 이들도 밝고 적극적인 자세로, 속도가 조금 늦더라도 꾸준히 전진하길 바란다. 그런 집념을 통해 이 세상에 공헌하는 인재로 발돋움할 수 있을 것이다.

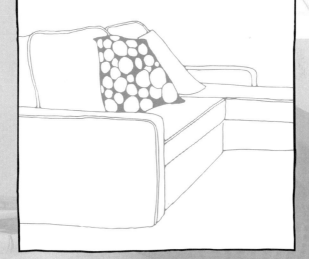

5장

호기심,
혁명의 근간을
이루는
'다른 생각, 다른 시도'

NITORI

내가 만족하려면 남들을 만족시켜라

호기심이란 '항시 새로운 것을 발견하려는 마음'을 말한다. 다만 그저 새로운 게 좋다는 식의 발상은 니토리에서 말하는 호기심과 의미가 다르다. '큰 꿈과 비전을 달성하기 위해 뭔가를 업무에 더 담아낼 수 없을까'를 끊임없이 생각하며 지속적으로 찾는 노력이 바로 니토리의 호기심이다.

비전이 원대하면 지금까지 해오던 방식으론 절대 이룰 수 없다. 가까운 거리는 걸어갈 수 있지만 이동 거리가 멀어지면 자전거, 자동차, 비행기 등으로 탈것을 바꿔야 한다. 마찬가지로 더 새로운 수단과 방식으로 과감히 도전하고, 가능한 모든 정보를 수렴해야 스케일이 다른 비전을 실현할 수 있다.

꼭 새로운 방식을 찾아내야만 우수한 인재라는 이야기가 아니다. 예기치 않은 중요한 발견은 대개 그 사안에 대해 끊임없이 고민하고 연구하는 이에게서 나온다는 결과를 말하고 싶은 것이다.

중학생 때부터 마쓰시타 고노스케, 토머스 에디슨(Thomas Edison) 같은 이들의 전기를 자주 읽으면서 깨달은 사실이 있다. 바로 '일상의 불편을 해소하려는 노력이 곧 발명이자 발견'이라는 것이다.

그래서 나도 여러 가지 아이디어를 떠올리며 스스로 훈련을 해보았다. 가장 처음 생각한 아이디어는 '아이들도 손쉽게 탈 수 있는 자전거'였다. 나는 나름대로 구체적인 도면까지 그려가며 방법을 고안했다.

나는 초등학교 4학년 때부터 성인용 자전거로 쌀 배달을 했다. 다리가 땅에 닿지 않아서 한쪽 발을 페달에 올리고, 나머지 발로 지면을 세게 차면서 출발하곤 했다. 같은 동작을 아마도 몇 천 번은 반복했을 것이다.

'자전거 타기 참 어렵다'고 생각한 나는 아이들도 어렵지 않게 탈 수 있는, 프레임 한가운데가 낮은 자전거를 떠올렸다. 누구든 편하게 타고 내릴 수 있는, 요즘 아기 엄마들이 흔히 이용하는 그런 스타일의 자전거였다.

그 시절의 자전거는 짐칸도 허술하기 그지없었다. 배달하다가 넘어지기라도 하면 쌀이 다 쏟아져서 큰 손해를 봐야 했다. 그래서 나는 자전거에 실은 물건이 떨어지지 않도록 뒤쪽의 짐칸 형태를 바꾸었다. 그러고 나서는 정말로 쌀이 쏟아지는 사고를 한 번도 겪지 않았다.

이처럼 스스로 느낀 불편함을 해결하기 위해 고안한 아이디어는 지금 봐도 꽤 괜찮았다는 생각이 든다. 만일 실용화되었다면 사람들의 주목을 꽤 받지 않았을까. 실제로 비슷한 제품이 그 후 누군가에 의해 상품화되었고, 최근에는 예전에 내가 생각했던 프레임의 자전거가 발매되어 혼자 입맛을 다시기도 했다.

나는 지금도 큰 꿈과 비전에 더 가까이 가기 위한 좋은 방법이 없을까 항상 찾고 또 찾는다. 그리고 이를 위해 여러 가지 아이디어나 해결 방안을 적극적으로 고민하곤 한다.

니토리의 상품 기획은 '이런 제품이나 기능이 있다면 편리하고 좋겠다.' 하는 것을 현실로 만드는 일이다. 고객의 불평, 불만, 불편에서 '불(不)'자를 빼는 작업이다. 70대인 나도 충분히 가능할 만큼, 아이디어를 내는 데 직급이나 연령은 제한이 되지 않는다.

현재 상황에 만족하는 사람은 결코 이 일을 할 수 없다. 항상 뭔가를 갈구하고, 뭔가를 더할 수 없는지 스스로 과제를 찾는 이들에게서 새로운 아이디어가 나온다. 그래서 아이디어에도 큰 뜻과 비전이 필요하다는 것이다. 그것이 없다면 남들이 아무리 칭찬을 해주고 큰돈을 벌어도 만족할 수 없다.

내가 만족하려면 다른 이들을 만족시켜야 한다. 꿈과 비전이 실현되는 가운데 두근거림이나 희열을 느낄 때 뇌가 풀가동되면서 평소 생각지 못했던 아이디어가 튀어나오곤 한다. 현실에서는 그렇지 못한 사람들이 대부분이기 때문에 뇌의 99.9퍼센트를 활용하지 못하는 것이다.

물론 자신의 머릿속에서만 생각하는 것으론 한계가 있다. 그래서 정보를 찾는 노력이 필요하다. 내 경우는 종합지부터 경제지까지 여러 종의 잡지를 구독하고 책도 꾸준히 읽는다. 참고가 되는 기사를 찾으면 그 내용을 바로 확인하고 조사해본다. 때로는 해당 분야의 전문가에게 직접 질문을 하기도 한다.

머릿속에 해결해야 할 과제를 늘 담아두고 있으면 여러 정보를 모으는 과정에서 어느 순간 '아, 이거구나!' 하는 깨달음이 찾아온다. 반면에 과제를 인식하지 못하면 아무리 정보를 접해도 본질을 깨달을 수 없다.

여러 나라나 지역에 직접 가보는 것도 새로운 발견으로 이어질 수 있다. 나는 직원들의 연수에 동행해 연 2회 정도는 미국을 찾는다. 때로는 유럽에도 가보고, 공장이 있는 동남아시아 지역도 직접 둘러본다. 미국에서는 회사 경영의 구조나 경쟁 방식 등을 살펴본다. 또 새로운 기술이나 수익 창출 방법, 마케팅 기법도 공부한다. 아울러 유럽에서는 디자인이나 컬러에 관해 배우며, 아시아에서는 제조 현장을 찾아 다양한 생산 과제들을 찾아낸다.

차원이 다른 목표를 달성하기 위해 지금까지와는 전혀 다른 새로운 방식을 찾아 도입하는 것을 '개혁'이라 한다. 나는 직원들에게 늘 말하기를 "30대까지는 개선안, 40대 이후, 특히 각 부문의 책임자들은 개혁안을 내라"고 한다. 그렇게 하려면 나이나 직급에 상관없이 모든 직원들이 항상 호기심을 가져야 한다.

'머리를 잘 쓰는 사람'이
'머리 좋은 사람'을 이긴다

아버지는 종종 이런 이야기를 했다.

"네 결점을 자꾸 고치려 하지 마라. 우리 집안은 머리가 나쁘기 때문에 굳이 대학에 가려고 애쓸 게 아니라, 대학 나온 사람을 잘 쓸 수 있는 일을 하면 된다."

때로는 냉정한 충고도 서슴지 않았다.

"너는 단점투성이에 장점이라곤 잘 보이지가 않아. 먹고 살려면 남들보다 두세 배로 일하든지, 아니면 다른 사람이 하지 않는 걸 해야 해."

당신 자식에 대한 날카로운 평가에 '정말 그런가?' 싶다가도 남들보다 많이 일하는 건 또 싫었다. 그래서 '다른 사람이 하지 않는 것'이 무엇인지만 늘 생각했다.

아버지 말대로 나는 머리가 나쁘고 기억력도 안 좋아서 시험을 볼 때면 커닝에 여념이 없었다. 들키면 바로 퇴학당할 위험까지 감수하면서 절대로 걸리지 않을 방법을 고민했다.

먼저 두꺼운 종이를 잘라 4H 정도의 심이 단단한 연필로 커닝할 내용을 베껴 적는다. 내 눈에만 보일 정도의 흐린 글씨로 다섯 페이지 정도를 만든 다음 그것을 고무줄로 연결해 소매 안에 숨긴다. 시험 시간에는 커닝 종이를 슬쩍슬쩍 보다가, 뭔가 분위기가 심상치 않으면 얼른 소매 속으로 다시 숨겼다.

예전부터 유명한 커닝 방법은 시험지 밑, 그러니까 책상에 글씨를 써두는 것이지만 그렇게 해서는 적을 수 있는 양이 얼마 안 된다. 수업 시간에 배운 내용을 하나도 기억하지 못하는 나 같은 경우에는 더 많은 공간이 필요했다. 그래서 남들이 하지 않는 방법을 고안했고, 그 결과 가까스로 진급할 수 있는 점수를 받곤 했다.

물론 잘못된 일이지만 '낙제하고 싶지 않다'는 마음만은 간절했다. 나는 입학시험을 치른 고등학교마다 모두 떨어져서 교장에게 쌀 한 가마니를 주고 간신히 입학한 신세였다. 어렵사리 들어간 학교에서 진급조차 못하면 얼마나 한심하고 바보 같아 보일지, 스스로도 참 두려웠다. 커닝이 자랑할 만한 일은 결코 아니지만 '힘겨운 과제를 스스로 극복해내겠다'는 의지의 표현이라고 자위했다.

커닝 쪽지를 만들더라도 쓸 수 있는 양은 한정되어 있기에 어디서 시험이 나올지 예상하는 노력은 빠질 수 없다. 그래서 평소 수업 시간에 선생님이 강조하는 부분에 주의를 기울이고 표시해놓는 성의가 필요하다. 훗날 경영자가 된 뒤부터는 엔고인지 엔저인지, 또 경기 동향이 어떨지를 수시로 예측하는데 사실상 시험에 출제될 문제를 예측하는 것과 원리는 동일하다.

내가 이렇게 말하면 '시험 문제를 예측하고 커닝 쪽지 만들 정성으로 그냥 외우는 게 낫지 않냐'고 누군가는 물을지도 모르겠다. 변명 같겠지만 그건 선생님의 이야기를 전혀 이해하지도, 기억하지도 못하는 내 입장을 몰라서 하는 얘기다.

어떤 이야기든 제대로 이해하지 않으면 머릿속에 들어오지 않게 마련이다. 노래방에서 노래를 부를 때 화면에 흘러가는 가사를 생각해보라. 의미를 되새기지 않고 입으로만 몇 번 따라 해서는 나중에 기억할 수 없다.

흔히 말하기를, 우뇌와 좌뇌의 기능이 서로 다르다고 한다. 좌뇌는 기억력을, 우뇌는 상상력을 관장한다는 것이다. 기억력은 10대를 지나면 서서히 퇴보하지만, 상상력은 나이를 먹으면서 도리어 더 풍부해지는 경향이 있다.

내 경우 기억력을 관장하는 좌뇌의 기능은 거의 최악이나 다름없어, 지나간 건 모조리 잊어버린다. 하지만 변화에 대응해가는 우뇌의 움직임은 그리 나쁘지 않은 것 같다. 아직도 여러 면에서 부족하지만 노력이 더해지니 내 뇌도 젊을 때보다는 확실히 나아진 듯하다.

앞에서 나는 이렇게 말했다. 새로운 상품을 봤을 때 그 안의 가능성을 가늠할 수 있는 건, 현재 자신의 매장에서 취급하는 상품을 기억하고 있기 때문이라고. 이때의 기억이란 단지 머릿속에서 어떤 정보를 그대로 되살리는 것을 가리키는 게 아니다. 나는 여러 정보 가운데 특별한 포인트만 머릿속에 저장할 뿐, 그 밖의 부수적인 내용은 잊어버린다. 핵심 내용만 머릿속에 두고, 그 기억을 기반으로 새로운 정보를 판단하는 것이다.

나는 지금도 단순한 기억력은 형편없다. 강연을 할 때나 공적인 자리에서 인사말을 할 때도 기억하는 건 처음의 한두 마디뿐이다.

나머지 뒷부분은 그냥 순간순간 떠오르는 말로 대신한다.

최근에는 텔레비전 프로그램에 출연할 기회도 늘었다. 물론 대본이 있지만, 대본대로 외워서 얘기하려고 하면 머릿속이 새하얘져 이야기가 중간에 곁가지로 새고 만다. 그래서 대본은 처음에 한 번만 훑어보고 전체적인 흐름을 파악한 뒤 그 다음부터는 평소처럼 이야기하는 방식을 택한다. 그 때문인지, 기본적으로 덤벙거리고 부족한 게 많은 나는 다른 패널들에게 구박당하는 역할을 종종 맡곤 한다.

사람들이 일반적으로 말하는 '좋은 머리'는 대개 '좋은 기억력'을 뜻한다. 학교 성적도 여기에 좌우되곤 한다. 물론 그것도 나름대로 중요한 측면이 있지만, 기억력은 변화에 대응하는 능력과는 엄연히 구분해야 한다. 나는 기억하는 능력이 없는 탓에 학생 때 여러모로 곤란을 겪었다. 하지만 시간이 흐를수록 좌뇌보다는 변화에 대응하는 우뇌의 힘이 중요하다는 것을 깨달았다. 기억력은 더 젊은 부하 직원에게 맡겨도 충분하다.

자신의 장점을 살려 어떻게든 남과 다른 것을 하는 것이 니토리의 스타일이다. 그래야 호기심을 더 좋은 방향으로 자극하고 키워나갈 수 있다. 자신의 부족하고 모자란 점을 억지로 고치려 하지 말고, 잘하는 사람을 찾아 적극 활용하는 편이 훨씬 합리적이다.

이 세상에 뛰어난 사람은 너무나 많다. 남들과 같아지려 해서는 나보다 우수한 사람들에게 금세 뒤처지고 만다.

'다르게 생각하는 것'이 호기심이다

투자도 마찬가지다. 남과 다르게 시도할 때 성공할 수 있다. 일반적으로 기업들은 경기가 좋을 때 투자를 하지만, 니토리는 거꾸로 경기가 나빠지면 투자를 한다. 불경기일 때는 토지나 건물이 호경기 때보다 30~50퍼센트 정도 저렴해지기 때문이다.

지금은 경기가 비교적 안정된 시기라 토지나 건축 비용이 비싼 편이다. 오사카에 문을 연 '니토리몰 히라카타(枚方)'는 예산이 60억~70억 엔(약 600억~700억 원)가량 들었는데, 만약 불경기 때였다면 40억 엔(약 400억 원) 정도로 가능했을 것이다. 중국의 경우는 그 정도 비용으로도 부족해서 예산이 90억 엔(약 900억원)에 이르는 실정이다. 이렇게 초기 투자비용이 상승하면 손익분기점도 덩달아 오르기 때문에 새로 매장을 짓고 진출하는 데 주저하게 된다. 그간 무차입 경영을 유지해왔고 여유 자금도 있어 투자에 나서긴 했지만 실상 우리의 투자 방침과는 어긋나 마음이 편치만은 않았다.

2016년에도 55개 매장을 새로 열 예정이었다. 그중 우리가 매장 건물까지 직접 세운 건 도쿄 세타가야(世田谷) 구 지점을 비롯한 대형 매장 몇 군데뿐, 80퍼센트 이상은 건물을 임대하여 개장했다.

일본의 경우 소비세 증세가 연기되었기 때문에(일본 정부는 현재 8퍼센트인 소비세를 점진적으로 올릴 계획이지만 나라 안팎의 불안정한 경제 전망으로 계속 연기되는 실정이다-옮긴이) 경기 둔화 추세가 조금 미뤄질 듯하다. 하지만 그것도 앞으로 2, 3년 정도뿐, 2020년 도쿄 올림픽이 끝난 뒤로는 엄청난 불황에 직면할 것으로 전망된다.

올림픽 경기로 인한 효과는 사실 대부분이 건설 수요라 2018년 정도면 사그라들 테고, 2019년 여름쯤이면 건설 수요 자체가 완전히 사라질 것이다. 지난 1964년에 열린 도쿄 올림픽 때도 마찬가지였다. 이어서 2019년도에는 10월에 소비세 증세가 예정되어 있기에 이후 5년 정도 매우 나쁜 상황이 지속될 것으로 보인다.

불황 중에는 과점화가 진행된다. 각 업계에서 상위 한두 개 업체만이 비약적으로 성장해 이익의 상당 부분을 독점하게 된다. 가구업계를 비롯한 산업 전반에 해당하는 이야기다. 그 사실은 미국만 봐도 쉽게 알 수 있다.

내가 처음 미국을 방문했던 1972년에는 '미국이 일본보다 50년 앞서 있다'는 사실을 실감했다. 현재 상당 부분 따라잡았다 해도 아직 20년 정도의 격차가 있다고들 한다.

미국은 세계에서 가장 경쟁이 치열한 나라다. 모든 업종에서 오래전부터 자리를 지켰던 기업들이 무너지고 재편되었으며, 동시에 일정한 과점화도 진행되고 있다. 2015년 2월에는 대형 가전양판점 라디오색(RadioShack)이 파산하여 가전체인은 이제 베스트바이(BestBuy) 한 개사만이 남았다. 또한 2016년 3월에는 대형 스포츠용품체인인 스포츠어소리티(Sports Authority)가 파산법 적용을 신청하며 시장에서 사라졌다.

백화점도 고가 노선을 채택한 전통 있는 기업들은 경영난에 처했지만, 콜스(Kohl's) 등으로 대표되는 중저가 상품 중심의 양판점체인은 급성장을 거두었다.

이 같은 과점화 상황에서 승자 그룹은 엄청난 기회를 거머쥐게 된다. 그건 오히려 반가운 이야기다. 지금은 향후 닥칠 대불황에 대비해 만반의 준비를 다하는 것이 중요하다. 현재 니토리는 판매가 호조를 보이고 무차입 경영 방침을 지속하면서, 연간 400억 ~500억 엔(약 4,000억~5,000억 원)에 달하는 순익을 내고 있다. 여기에 감가상각분까지 감안하면 연간 600억 엔(약 6,000억 원) 정도의 여유 자금이 축적된다 볼 수 있다. 이는 니토리의 큰 꿈과 비전을 달성하기 위한 중요한 자금이다.

현재는 그중 300억 엔(약 3,000억 원) 정도만 투자에 사용한다. 땅값이나 건축비가 이미 상당히 오른 상태라 잠시 대기하고 있는 중이다. 향후 예상대로 대불황이 닥치면 땅값이나 건축비가 급락할 것이고, 그때 임대 중심의 출점 방침을 전환해 우리가 직접 토지를 사서 건물을 지어나갈 계획이다.

인재개발을 위해 혈액형과 성명학까지 섭렵하다

앞서도 얘기했듯이 니토리에서는 직원들 각각의 성격검사를 실시해 그것을 기반으로 카운슬링을 진행하고 동기부여를 한다. 내가 성격검사에 관심을 갖게 된 건 '성격과 업무 능력에 상관관계가 있을지 모른다'는 생각 때문이었다.

사람들은 대부분 학창 시절의 학업 능력이 업무 능력과 직결된다고 믿는다. 그렇다면 학창 시절 공부는 만년 꼴찌였던 내가 어떻게 사업에서 큰 성공을 거둘 수 있었을까? 나는 그 의문에 대한 답을 직접 찾아보고 싶었다.

내가 성공할 수 있었던 요인을 생각해보면 큰 뜻과 비전을 제일 먼저 꼽을 수 있겠지만, 성격도 중요한 요소였던 것 같다. 아쓰미 선생도 언급했던 '편견 없는 솔직함'과 유연성, 노력하는 밝은 태도, 호기심 등이 그것이다. 나는 성공의 여부는 그 사람의 성격이나 행동 패턴과 관계가 깊다고 믿는다. 그래서 인사 관리에 성격검사를 도입해, 생각하는 방법을 바꾸면 누구든 충분히 성공할 수 있음을 강조하고 싶었다.

성격검사를 도입하기 전에도 업무에 활용할 자료가 되리라는 생각에 여러 가지 실험을 해보았다. 첫인상과 관상, 혈액형도 그중 하나였다.

내 혈액형은 O형인데, 어떤 책을 보니 "리더, 사장 가운데 특히 O형이 많다"고 적혀 있었다. '그래? 어쩌면 둘 사이에 무슨 관계가 있을지도 몰라.' 내심 그런 생각이 들었다.

보통 A형은 성실하고 상사나 회사에 충성하는 성향이 강하다고 알려져 있다. B형은 개성이 강하고 자기 뜻이 확실한 편이며,

AB형은 조금 괴짜 성향이라 예술가 등에서 많이 볼 수 있다고들 한다.

나는 앞으로 회사가 성장하려면 직원들의 리더십을 키워야 한다고 생각했다. 그래서 7~8명의 경력직 채용자들 중 대여섯 명을 O형으로 뽑아 그 밑에 A형 직원들을 배치하고는 유심히 살펴보았다.

그런데 결과는 내 예상을 빗나갔다. 지도자에 적합하다고 생각한 O형 상사들은 막상 리더가 되자 자기들끼리 잡음을 일으켰다. 또 예술가 기질이 다분하다는 AB형 직원들에게 디자인 기획 일을 맡겨봤는데 역시 성과가 미진했다.

저마다 다른 배경을 지닌 개인에게 혈액형 이론을 적용하는 건 과학적이지 않다는 판단에 나는 곧 이 실험을 중단했다. 물론 인사를 결정하는 데 참고할 만한 힌트는 아무것도 얻지 못했다.

한때 나는 '이름 획수'에도 관심을 가졌다. 관련 서적을 몇 권이나 사서 읽고, 이 분야의 전문가에게 직접 강의까지 들었다.

내 이름은 총 21획이다. 성명학에서는 아주 '좋은 이름'으로 치는 경우인데, 덕분에 중학생 때 선생님에게 느닷없는 칭찬을 들은 적도 있다. 성명학에 관심이 많던 선생님이었는데 어느 날 "이 반에 혹시 이름 획수가 21획인 사람 있느냐"고 물었다. 손을 든 사람은 딱 두 명이었다. 한 명은 전국 10등 안에 들어 도쿄대에 들어간 수재 친구였고 나머지 한 명은 바로 나였다. 낙제생으로 놀림 받던 내가 쭈뼛쭈뼛 손을 들자 모두들 '뭐야, 말도 안 돼…….' 하며 반신반의하는 표정을 지었다.

하지만 그 사건은 나에게 자신감을 불어넣어 주었다. '그것 봐, 나는 꼭 성공한다잖아.' 하는 일종의 자기암시 효과가 있었던 것이다. 그런 사연 때문에 이름 획수에 유달리 흥미가 많았던 나는 직원 전체의 이름 획수를 조사하기도 했고, 친구가 아들 이름을 지어달라고 부탁했을 때는 굳이 21획의 이름을 만들기도 했다.

"이 녀석 분명히 장래에 대성할 거야."

나는 의기양양하게 생색을 냈다.

사실 이 이야기에는 웃지 못할 후일담이 있다. 내가 이름을 지어준 친구의 아들은 자라서 대학을 졸업하고 한 슈퍼마켓체인에 입사했다. 그런데 어느 날 친구가 슬쩍 부탁을 해왔다.

"얘가 몇 년이 지나도록 횟감이나 자르는 단순한 일만 하고 있어. 이름 지어준 인연도 있으니 회사에 자리 좀 알아봐 줘."

선뜻 그러마 하고 나서서 친구 아들을 채용했는데, 막상 일을 시켜보니 역량이 많이 부족했다. 무엇보다 일할 의욕이 없었고 지시한 일은 제시간에 끝내지 못했다. 상사의 평가도 항상 5단계 중 1, 2단계뿐이어서 전 직원 가운데 최하위 수준이었다. 결국 나는 친구에게 자초지종을 설명하며 "미안하지만 우리 회사보다는 다른 곳을 찾는 게 좋을 것 같다"고 얘기했다.

이 일을 통해서 나는 사람의 이름이 일하는 능력과 아무런 상관이 없다는, 지극히 당연한 사실을 깨달았다. 아울러 또 한 가지 얻은 교훈은 주변의 부탁을 받고 사람을 채용해선 절대 안 된다는 점이었다.

그전에도 나는 유력 정치가의 소개로 직원들을 몇 명 뽑은 적이 있었고, 그 밖에 주변 지인들 부탁으로 사람을 들인 경우가 더러 있었다. 그런데 결과는 하나같이 신통치 않았다. 결국에는 '자력으로 회사에 들어갈 수 없는 사람들이나 연줄을 이용하는 것'이라는 생각이 들었다.

지금 니토리에서는 연고 채용을 일체 하지 않는다. 주무 관청의 장관이 부탁하더라도 거절한다. 니토리는 철저한 실력주의를 표방하는 경쟁이 치열한 회사다. 실력을 갖추지 못한 사람은 입사해도 스스로 초라해질 뿐이다. 동료들에게 무시당해 점심시간에 혼자 몰래 밥을 먹는 직원을 본 적이 있는데 그렇게 안쓰러울 수가 없었다. 자신의 적성이나 능력에 맞는 곳에 취직하는 편이 본인을 위해서도 훨씬 좋았을 것이다.

이처럼 채용이나 인사에서 여러 가지 실패를 경험했지만 '어떻게 하면 인간의 본질을 알 수 있을까', '직원들의 잠재력을 파악하는 더 나은 방법이 없을까'를 끊임없이 자문자답한 과정이었고, 호기심의 표현이었다고 생각한다.

세상에 존재하는 불만의 목소리에 관심을 기울이고 해결책을 계속 생각한다. 지치지 않는 호기심으로 정보를 모으며, 과제를 해결하기까지 절대 포기하지 않는다. 그런 자세가 새로운 발명과 발견으로 우리를 이끌어준다.

니토리의 제조 · 물류 · 소매업 업태가 바로 그런 노력의 결과물이다. 니토리는 제조를 자사 공장에서 하고 있으며, 현재 기획 및 제조 부문이 전체의 50퍼센트 정도를 차지하고 있다.

상품기획과 제조는 철저히 인재의 힘에 달려 있다. 현재 니토리는 20년 이상 근무한 베테랑을 150명 이상 보유한 덕에 기획 분야에서도 혁명을 일으키고 있다(400명 정도는 중간에 회사를 떠났다). 지금 남아 있는 인재들이 그대로 유지되어 30년 이상 근속한 숙련가들이 100명을 넘어서게 되면, 우리의 기획 · 개발력은 한층 더 업그레이드될 것이다. 더불어 매장 수가 1,000단위가 된다면 소비자들의 삶도 크게 달라질 것으로 기대한다.

이 모든 혁명이 태어난 곳은 바로 호기심이다.

선제주의, 인내 끝에 성공의 물꼬를 터트린다

니토리의 중요한 슬로건 중 하나인 '선제주의'는 지금껏 다른 누군가가 하지 않은 일을 시도하는 것을 의미한다. 어떤 분야든 처음 발을 내딛는 자가 최대한의 이윤과 이점을 얻을 수 있는 법이다.

수입 가구를 취급한 것도, 소매업체로서 해외에 생산 공장을 만든 것도, 또 물류 효율화를 위해 로봇 물류 창고(자율주행 로봇이 발송할 물건을 찾아주는 시스템을 갖춘 창고-옮긴이)를 도입한 것도 일본에서는 니토리가 최초였다.

지금은 흔해졌지만 커튼을 기성품으로 만든 것 역시 니토리가 처음이었으며, 이는 세계에서도 최초였다. 예전에는 가구처럼 커튼도 한번 구입하면 기본적으로 10~20년은 사용했다. 값이 비쌌기 때문이다. 당시에 커튼은 주문 후 생산하는 것이 상식이었고 한 세트에 20만~30만 엔(약 200만~300만 원)을 호가했다. 그래서 집을 새로 지을 때 커튼을 사면 그대로 계속 사용하는 가정이 많았다.

나는 이 상식을 바꿔보자고 마음먹었다. 길이가 상당한 베란다 창문용 커튼도 5,000엔(약 5만 원) 이내로 가볍게 구입할 수 있게끔 하고 싶었다. 그래서 특정 사이즈의 상품을 대량 발주한 뒤, 길이만 조절하여 맞추면 되는 기성품 형태로 커튼을 제작했다. 그렇게 제품을 개발한 것까지는 좋았는데 '니토리에 가면 커튼이 있다'는 사실을 사람들에게 널리 알리기까지는 장장 3년이란 시간이 걸렸다. 그때까지 가구점에서 커튼을 취급한 적이 없었기 때문이다. 커튼 판매가 일정 궤도에 오르기까지는 5년 정도가 걸렸으며, '니토리 커튼은 상품 구색이 다양하다'는 인식을 얻기까지는 5년이란 시간이 더 필요했다.

커튼 다음으로 도전한 분야는 침구류였다. 이번에는 커튼을 출시했을 때보다도 훨씬 더 진척이 더뎠다. 당시만 해도 가구점과 침구점은 완전히 구분되어 있어서 사람들은 가구점으로 베개나 이불을 사러 갈 생각을 하지 않았다. 때문에 '니토리에서 침구류를 판다'는 사실을 사람들에게 인지시키기까지 5년, 본격적인 궤도에 오르기까지는 10년이나 걸렸다.

이처럼 지금까지 아무도 하지 않던 일을 가장 먼저 시도하는 선제주의는 내 성격에도 딱 맞는 방침이었다. 수년간 인내의 시간을 견뎌야 하지만, 일단 물꼬가 트이기 시작하면 10년 정도 후에는 경쟁사와 엄청난 격차를 벌리게 된다. 나는 그 과정이 고통스럽지 않고 늘 즐거웠다.

집중주의, 호기심을 한데 모아 폭발력을 키운다

한편 니토리의 또 다른 슬로건인 '집중주의'는 사실 내 성격과 정반대되는 내용이다. 집중주의란 다각화를 하지 않고 본업에 충실한 것을 말한다. 힘을 여기저기로 분산하지 않고 하나로 집중하기 위해서다. 니토리는 의식주 가운데 '주거 관련 상품'에 특화되어 있다. 회사 내부에서도 마찬가지로 직원 각각이 한 분야의 전문가가 되는 것을 권한다.

하지만 나는 호기심이 왕성한 사람이라 스스로 자제하지 않으면 어느새 다른 일에 슬그머니 손을 뻗치게 되곤 한다. 니토리가 급성장을 거듭한 뒤로 출자에 관한 여러 제안이 있었다. 그중에는 상당히 가능성이 높아 보이는 솔깃한 이야기들도 있었다. 하지만 우리가 내세운 집중주의에 반한다는 사실을 깨닫고는 대부분 단념했다.

예를 들어 한번은 '대형 남성복 체인점을 인수하지 않겠느냐'는 제안을 받았다. 꽤 괜찮은 사업이라는 생각이 들어서 남들 몰래 혼자 이 일을 진행했지만, 곧 아쓰미 선생과 니토리의 임원들에게 들켜 단념하고 말았다.

'호텔체인을 인수하자'는 목소리도 있었다. 이 역시 니토리의 본업이 아니었기에 포기했지만 결과적으로 당시 65억 엔(약 650억 원), 최종 협상을 거친 후에는 10억~20억 엔(약 100억~200억 원)까지 떨어진 금액으로 손에 넣을 수 있었던 사업이 지금은 500억 엔(약 5,000억 원) 정도로 가치가 폭등했다고 한다. 그 밖에도 신발체인, 장난감체인 등 다양한 기업의 인수합병에 관한 논의가 오갔다. 최근 몇 년간의 안건만 따져봐도 그중 3~4건은 아주 큰 돈을 벌 수 있는 기회였다.

조금 지난 이야기이긴 하지만 '프로야구 구단을 매입하지 않겠느냐'는 제안도 받았다. 그 관계자 말이, 경영난에 빠진 구단을 매각하겠다는 이야기가 나왔는데 IT 분야의 어느 기업이 인수하겠다고 나섰다는 것이다. 하지만 무슨 일을 하는지조차 잘 모르는 회사에 구단을 넘기고 싶지 않으니, 니토리가 대신 인수하지 않겠느냐며 적극적으로 의사를 타진해왔다. 사실 프로야구구단의 오너가 된다는 건 엄청난 가치의 광고탑을 손에 넣는 일이다. 나는 매우 적극적으로 그 제안을 검토했지만, 당시 임원들 중 누구 하나 내 의견에 동의하지 않았고 나도 결국 마음을 접었다. 사실 이 건에 대해서는 아직도 아쉬움이 적잖이 남아 있다.

하지만 한 가지에 집중하지 않으면 치열한 경쟁에서 이길 수 없고, 크게 성장할 수도 없다. 예를 들어 내가 옷이나 음식을 좋아한다 해서 무턱대고 패션업계나 요식업계로 손을 뻗는다면 본업에 집중할 수 없을 것이다. 그래서 니토리는 의식주 가운데 '주'로만 사업 영역을 좁히는 것이다.

아쓰미 선생 또한 이렇게 설명했다.

'본업과 무관한 사업에는 절대로 나서지 마라. 시간 낭비일 뿐 아니라 인생 낭비가 될 것이다. 무엇보다 안 좋은 점은 한정된 사내의 자원과 인재가 분산된다는 사실이다. 기업 인수를 할 경우 새로운 분야에 뛰어들어 단일 사업으로는 돈을 벌 수 있을지 몰라도 결국 인력이나 경영자 본인의 시간, 에너지를 빼앗겨 본업에서 도리어 커다란 마이너스가 될 것이다.'

만일 내가 야구라는 새로운 사업에 뛰어들었다면 아마 이렇게 했을 것이다. 곧장 '일본 최고의 구단으로 만들겠다'고 선언한 뒤, 매주 야구장을 찾을 것이다.

'돈이 얼마가 들어도 좋으니 다른 팀의 우수한 선수들을 대거 영입해 전력을 끌어올리도록 하라. 3년 이내에 리그 우승, 5년 이내에 통합 우승에 도전한다. 그렇게 니토리를 요미우리 자이언츠와 견줄 만한 인기 구단으로 키우자.'

이런 장대한 비전을 그렸으리라. 하지만 그런 기분 좋은 망상 한편으로는, 야구 같은 새로운 분야가 본업에 방해가 되리라는 것을 잘 알고 있다. 한곳으로 집중해도 모자랄 힘과 자원을 분산시

켜서 좋을 게 없으니 말이다.

현실적으로 최근 3년간 내가 심혈을 기울인 건, 현재 니토리의 중심 상품으로 꼽히는 '침대와 소파 개발'이었다. 기존 상품들은 매출 증가세가 주춤했기 때문에 완전히 원점에서 상품 개발을 새롭게 시작해야 했다. 차근차근 시제품을 만들고, 고객들이 만족할 제품으로 완성하기까지 개선을 지속했다. 그 결과 지난해 니토리의 침대가 공전의 히트를 기록했다. 아울러 올해는 소파도 집중 공세를 하여 침대의 성공 신화를 그대로 재현해낼 생각이다. 다행히 올 2월 시라이 씨에게 사장직을 맡기고 회장에 취임한 뒤로 전체 사업을 조망해볼 시간적 여유가 생겼다.

이런 집중적인 노력이 효과를 발휘하는 건 본업에 한할 때이다. 솔직히 고백하자면 지금도 가끔씩은 '한 번뿐인 인생, 더 많은 경험과 모험을 해보고 싶다. 내가 구단주였다면 그 팀이 지금처럼 최하위권에서 허우적대는 일은 없을 텐데……' 하는 괜한 허세를 혼자 부려보기도 한다. 그러나 '프로야구단을 소유한다'는 건 사업이라기보다 취미에 가깝다. 아쓰미 선생은 생전에 '경영자는 취미를 가져선 안 된다. 365일 24시간 내내 업무만을 생각해야 한다'고 말했다.

나는 선생만큼 엄격하진 않다. 선생은 술을 되도록 멀리하라고 조언했지만 나는 이전에도 일주일에 몇 번씩 술을 마시곤 했다. 또 선생은 '일본에서 목표를 달성할 때까지 해외로 진출하지 마라', '소매업이 제조에 손대면 안 된다'고 했지만 모두 지키지 않았다. 그 모든 게 집중주의의 범주를 넘지 않는 것이라 판단했기 때문이다. 본업 이외의 일까지 손을 대는 것은 자제해야 하지만, 자신의 영역 안에서는 최대한의 호기심을 발휘해 점점 더 새로운 방식을 도입해나가야 한다.

경영 9단이 되기 위한 조건

직원이 아무리 우수해도 사장이 판단을 잘못하면 회사는 길을 잃는다. CEO가 잘못된 방향으로 지시를 내리면 뛰어난 부하가 아무리 방법이나 순서를 달리해도 소용이 없다. 방향을 정하는 건 사장의 일이다. 직원들이 보기에는 이상하더라도 따를 수밖에 없다.

경영자를 바둑 기사에 비유하자면 9단이나 명인으로 불리는 등급에는, 세븐일레븐홀딩스(セブン＆アイ・ホ_ルディングス)의 전 회장 스즈키 토시후미(鈴木敏文), 패스트리테일링(ファ_スト リテイリング, 유니클로의 모회사-옮긴이)의 야나이 다다시(柳井正) 등이 오를 수 있을 것이다. 같은 경영자라 해도 그 실력은 제각각이어서 A급 기사로 평가받을 수 있는 사람은 극히 일부다. 그래서 나는 경영자의 연봉도 그 사람의 실력에 맞춰 결정해야 한다고 생각한다.

사장은 사업에 매진하는 한편으로 차기 사장 후보를 육성해야한다. 자신을 대신할 후보자는 누구인지, 그에게 어떤 자질이 필요한지, 어떤 방법으로 후계자를 결정할 것인지 등을 모두 고려해야 한다.

회사의 규모와 관계없이 사장을 꿈꾸는 직원들은 많을 것이다. 또 그런 희망을 직원들이 품게 하는 것이 사장의 중요한 임무 중 하나다. 사장이라는 직책은 '매니저들의 최종 리더'나 다름없다. 매니저의 자질과 전문가의 자질은 엄연히 다르다. 대부분은 전문가에 그치며, 매니저의 자질을 가진 이는 기껏해야 열 명 중 하나 정도일 것이다.

예전에 홋카이도의 가구업계에서 '판매의 신'이라 불릴 만큼 누구에게나 능력을 인정받은 직원 하나가 독립한 적이 있다. 그런데 그 사람이 세운 가게는 얼마 못 가 도산하고 말았다. 파는 능력과 경영하는 능력은 완전히 다르기 때문이다.

매니저란 사람을 움직이는 일이다. 부하와 원활히 소통하면서 이들의 능력을 극대화해야 한다. 사람을 움직인다는 건 결코 쉬운 일이 아니다. 여기에 필요한 자질과 사고법, 사안을 보는 관점 등은 직원 열 명 이내의 작은 회사나 몇 만 명이 근무하는 대기업이나 근본적으로 동일하다.

CEO는 솔직하고, 유연하고, 친근해야 한다. 경영자를 꿈꾸는 사람이라면 상사나 부하, 또 동료들에게 적어도 미움을 받지 않아야 한다. 성격이 나쁜데 실적만 좋아선 리더로서 실격이다. 잘 드는 칼날처럼 날카롭지만 사람들에게 호감을 얻지 못하는 이들이 있는데, 역시 리더에는 어울리지 않는다. 조직을 움직이려면 먼저 사람의 마음을 얻어야 한다. 성격과 실력 중 굳이 하나만 택한다면, 나는 성격이다.

CEO의 또 한 가지 중요한 자질은 '배짱'이다. 배짱이 있다는 건 과감하게 결단을 내리고 실행할 수 있다는 뜻이다. 주저하며 생각만 하는 사람, 한자리에 멈춰 선 사람은 아무리 뛰어난 인재라도 리더 자리에 어울리지 않는다.

어떤 일이든 도전을 해보면, 설사 실패했다 하더라도 하나의 경험이 되고 공부가 된다. 멈춰 선 이는 시간이나 월급 모두를 낭비하는 사람이다. 회사 입장에서 이런 사람은 차라리 없는 편이 낫다. 제아무리 생각이 훌륭해도 실행하지 않으면 소용이 없다.

흔히들 '남자는 배짱, 여자는 애교'라고 하지만, 남성과 여성 모두 두 가지 자질이 다 필요하다. 배우자를 고를 때든 사장을 택할 때든, 그 사람이 배짱과 애교를 모두 갖췄는지를 봐야 한다. 밝고 적극적인 사장이 회사도 그렇게 만드는 법이다. 그래야 직원들도 더 행복해질 수 있다.

즉시 판단하고, 결정하고, 실행하라

기업의 CEO가 되면 최종 결정 권한을 갖게 된다. 조직이 커질수록 결정해야 할 사안도 점점 늘어난다. 이때는 무엇보다 속도가 중요해진다. CEO의 결단이 늦어지면, 그만큼 조직 전체의 움직임이 느려지기 때문이다.

나는 성격이 급한 사람이다. 부하 직원에게 뭔가를 지시해서 금세 결과가 나오지 않으면 불같이 화를 내곤 한다. 그리고 늘 "답변은 10초 이내로 하라"고 말한다. 성공하고 싶다면 여유를 부려선 안 된다.

"바빠서……", "지금 다른 일을 좀 하느라고……." 같은 변명으로 일관하는 사람일수록 사실 아무것도 하지 않는 경우가 많다. 인재란 업무 처리 능력이 뛰어난 사람을 말한다. 차근차근 업무를 정리하고 조정할 수 있는 사람에게 일이 몰린다.

나는 현재 하루 200~300건 정도의 결재를 한다. 결재 속도가 빠른 대신 실패도 잦은 편이다. 하지만 나는 실패하지 않는 것보다, 빨리 결정을 내려주는 게 중요하다고 생각한다. 결과야 어떻든, 일단 적극적이고 공격적으로 나서야 성공할 수 있다.

제안은 질보다 양이다. 나는 직원들에게 일일보고서를 통해 아이디어를 내라고 말한다. 채택되든 안 되든 상관없으니 가급적 매일 아이디어를 내도록 한다. 그런 습관 자체가 중요하기 때문이다. 신입사원들의 경우 그렇게 1~2년 정도 하다 보면 실력이 꽤 향상된다.

나도 지금이야 즉시 판단하고, 결정하고, 실행하는 게 가능하지만 처음 경영자가 되었을 때는 전혀 그렇지 못했다. 어느 순간 '이렇게 해서는 100년이 지나도 비전을 실현할 수 없겠다'는 생각이 들어 업무 방식을 완전히 바꿨다. '실패하면 그걸 수업료라고 생각하면 되지. 회사만 망하지 않는다면 괜찮아'라고 마음먹은 것이다.

중요한 건 일에 매몰되지 않아야 한다는 점이다. 처리 능력이 뛰어난 CEO는 여러 가지 업무에 치인 상태에서 30퍼센트 정도 일이 더 늘어도 감당해낸다. 그때까지 해오던 일의 중요도를 판단해 덜 중요한 건 버리거나 다른 사람에게 맡기는 것이다. 여기서 일이 더 늘어나면 또 다른 방안을 고안해 업무를 압축하고 정리한다. 어떤 일을 본인이 직접 하면 어느 정도 더 효과가 있을지라도 대세에 영향을 주지 않는 정도라면 다른 이에게 맡겨야 한다. 경우에 따라서는 그 일 자체를 아예 포기할 수도 있다.

즉, 우선은 '버리는 것'이 중요하다. 업무 방식을 고민해 개선하는 건 그 다음 일이다. 너무 많은 일에 매몰되면 절대 앞으로 나아갈 수 없다. 다른 누군가도 할 수 있는 일이라면 그쪽에 맡기고 자신은 더 중요한 일, 자신이 아니면 할 수 없는 일에 집중한다. 버리는 것을 잘 못하면 결국 큰 조직의 리더가 될 수 없다.

처리 능력을 높이기 위해서는 어떤 일이든 즉시 판단하고, 결정하며, 실행하는 자세가 중요하다. 절대 다음날로, 다음 주로 미루지 않는다. 혹시 잘못되면 바로 재검토하고 다시 실행하면 그뿐이다. 나는 하나의 사안을 지나치게 숙고하지 않고 대개는 10초, 혹은 20초 이내에 결정한다.

나도 처음에는 '모든 일은 내가 해야 한다'는 생각이 강해, 좀처럼 다른 사람에게 맡기지 못했다. 하지만 이래선 절대 회사가 크지 못한다는 사실을 깨달았다. 그 이후 내가 끌어안고 있던 일을 부하에게 위임하고, 내가 아니면 해결할 수 없는 일에만 선별적으로 매진했다.

무엇을 할지 결정하는 건 중요한 일이다. 다만 그 결정은 업무이외의 시간에 해야 한다. 회사에 나오기 전, 퇴근 후, 잠자기 전, 휴일 등에 끝내야 한다.

업무 가운데서도 우선순위를 잊어서는 안 된다. 가장 중요한 것은 '고객이 무엇을 원하는가'이다. 고객의 요구 사항, 불평과 불만, 불편 사항을 해결하는 게 최우선이다. 우리 회사의 기준에 비춰 말하자면 매장이 최우선이 된다. 고객의 목소리는 판매 현장에서 나오기 때문이다. 매장은 고객과 만나는 최전선이자 접점이기에 물류 개선보다는 매장 개선이 먼저다.

니토리의 인사이동은 일반적인 회사와는 반대로 진행된다. 우리는 '본사로 파견을 갔다가 현장으로 복귀한다'고 말한다. 현장에서 문제를 발견하고 본사로 가서 그것을 개선하는 데 매진하는 식이다. 5년 정도 현장을 떠나면 현장 감각이 떨어지기 때문에, 다시 현장으로 복귀하는 것이 필요하다.

고객뿐 아니라 매장 직원들의 불만을 해소하는 것 역시 중요하다. 만약 작업량이 지나치게 많다면 이를 조절하는 조치가 따라야한다. 니토리는 물류센터를 개선, 개혁할 때도 효율을 올리거나 비용을 낮추는 것 이상으로 '매장의 불편 해소'를 우선시했다.

만약 우선순위가 잘못되었다면 이를 수정하고 개선하라. 이 또한 결정권자의 중요한 역할이자 의무라 할 수 있다.

경영자란 100년 뒤에 평가를 받는 자리

니토리의 경우 차기 사장 후보에 포함되는 이들은 집행임원들과, 사장 직속의 부문장 30~40명 정도다. 일본의 대기업은 기본적으로 피라미드 구조를 띤다. 전체적으로 대략 7~8단계의 직급으로 나뉘는 것이 일반적이다. 하지만 그렇게 계층이 많으면 사장은 '구름 위의 인물'처럼 보여, 윗선의 명령이 현장에 닿지 않고 현장의 목소리도 경영진에게 닿지 않는다.

니토리의 조직은 기본적으로 'CEO-매니저-담당자'라는 간소화된 3단계 구조로 이루어져 있다. 일반 기업에서는 CEO 아래에 영업이나 재무를 담당하는 임원이 3~4명 정도 있지만, 니토리에서는 사장 아래로 30명 정도의 직할 매니저가 업무를 담당한다. 예전에는 더 많았지만 어느 순간 과하다는 생각이 들어 현 수준으로 축소했다. 니토리홀딩스의 사장을 겸직하는 경우 자회사까지 살펴야 하기에 보통 피곤한 일이 아니다. 나도 지금은 회장이 되어 그 굴레에서 해방되었지만 당시에는 정말이지 잠시도 쉴 수가 없었다.

니토리의 임원은 지금 가장 젊은 사람이 40대 후반 정도다. 나는 임원직에 대해서는 가급적 승진이 느린 편이 좋다고 생각한다. 경영자로서의 자질은 기본적으로 50세부터 나타난다고 믿기 때문이다. 실제로 너무 일찍 임원이 되어 실패하는 경우가 꽤 많다. 30대 후반이나 40대 초반에도 임원직에 오르는 이들이 있는데,

그렇게 되면 현실에 안주하거나 거만해져 성장이 멈추는 경우가 종종 발생한다. 물론 전부 다 그렇지는 않겠지만, 자신감에 넘쳐 회사를 바로 관두는 사람도 있다.

아쓰미 선생은 "조금 둔하고 느려도, 멈추지 않고 계속 전진하는 사람이 회사의 기둥이 된다"고 말했다. 나도 회사를 오랜 시간 경영하고 수많은 부하들을 지켜보면서 그 말이 옳다는 것을 실감했다. 국내를 넘어서 전 세계적으로 통용될 인재를 배양하려면 상당한 시간과 노력이 필요하다.

사장이란 그 사람이 죽고서 50년 뒤, 혹은 100년 뒤에 평가받아야 하는 자리라 생각한다. 회사 실적이 눈앞의 몇 년만을 겨냥한 것이라면 금세 끌어올릴 수 있다. 먼 미래를 내다본 연구나 교육 등의 선행투자를 멈추고 비용 절감만을 우선시하면 당장의 이익은 올릴 수 있다. 실제로 그런 경영을 하는 경영자도 적지 않다.

그러나 CEO가 눈앞의 매출과 이익만 신경 쓰고 외부로부터 전혀 감시를 받지 않는 구조가 되면, 부하 직원들이 윗선에게 잘 보이기 위해 실적이나 현상을 속이는 일이 빈발할 수 있다.

창업 사장이 아닌 월급제 사장들은 대부분은 재임 기간이 몇 년 안 된다. 그럼에도 그들은 회사의 10년 뒤, 20년 뒤를 생각하며 경영에 관한 판단을 내려야 한다. 재임 중의 일만 생각해 계획을 세우면, 일시적인 개선은 가능해도 중요한 개혁은 영영 불가능하다. 그렇게 되면 장기적인 미래 성장은 담보할 수 없다.

젊은이들에게 전하는
'글로벌 리더가 되기 위한 마음가짐'

───

니토리에서는 신규 채용이든, 경력직 채용이든 리더의 성향을 가진 이들, 즉 차후 매니저나 지도자가 될 수 있는 이들을 뽑는다. 그래야 회사가 성장할 수 있기 때문이다.

리더가 되기 위해선 무엇보다 경험이 중요하다. 보고 들어서 아는 지식이 10퍼센트 정도라면, 나머지 90퍼센트는 직접 경험을 통해 얻는다. 니토리의 배치전환 교육 역시 직원들에게 최대한 많은 경험을 제공하기 위한 의도이다.

그러나 현실에서 좋은 리더가 될 수 있는 사람은 열 명 중 겨우 한 명 정도다. 이 비율이 더 높아졌으면 하는 바람을 담아 젊은 직원들에게 '글로벌 리더가 되기 위한 마음가짐'을 전하고자 한다.

• 달리기 경주에서는 초반이 중요하다

사람은 원래 누구나 게으름뱅이다. 그래서 얼마 안 되는 노력만으로도 커다란 차이가 생긴다. 특히 젊은 직원들의 경우 입사 후 스타트 대시(start dash, 출발 후 최고 속력에 달할 때까지의 전력 질주-옮긴이)가 중요하다.

니토리에서는 입사 3년차까지는 연공서열제를 적용하며, 평가 결과에 따른 대우의 차이도 그리 크지 않다. 그렇다고 노력을 게을리해도 된다는 이야기가 아니다. 출발이 가장 중요하다는 생각으로 입사 초기 더 열심히 업무에 매진해야 한다.

• 평생 교육의 한 단계로서, 인생의 계획을 세워보라
니토리의 전 직원들은 커리어 설계시트를 기반으로 자신의 인생을 설계하고, 이를 실현하기 위한 배움을 지속한다. 교육은 젊을 때만이 아니라 우리가 살아가는 평생 동안 이뤄진다.

• 회사를 위해 직원이 있다고 생각하지 말라. 본인의 발전을 위해 회사가 있
  는 것이다
직원에게 회사는 성장을 위한 도구이다. 회사는 여러 경험을 통해 직원이 성장하도록 도우며, 실패의 대가는 회사가 지불한다. 뿐만 아니라 급여까지 준다. 그러니 '이렇게 유용한 곳이 또 있을까?' 하는 긍정적인 마음가짐으로 본인의 성장에 집중하라.

• 일이 맞는지 아닌지는 적어도 3년 정도 해본 뒤에 말하라
"저는 그 일이 안 맞는 것 같은데요." 하는 볼멘소리는 적어도 3년은 있다가 하라. 우선 1년간 충실히 경험하고 2년차가 되면 개선의 노력을 기울인다. 그리고 3년째에는 그 속도를 높여본다. 일이 안 맞으니 다른 부서로 옮기고 싶다는 얘기는 그때 해도 늦지 않다.

• 20대에는 온몸으로 기억해야 할 일이 많다. 30대가 되면 절대 할 수 없는
  일이다

현장에 가면 다양한 종류의 일들이 기다린다. 그건 고객을 위한 작업이기에, 그 자체를 싫어하거나 멀리해선 안 된다.

운동을 할 때도 그렇듯이 끊임없이 반복해 몸에 익히는 것이 중요하다. 반드시 몸으로 기억해야 한다. 20대라는 건 그런 시기다. 온몸으로 일을 기억하는 것이야말로 20대이기에 가능한 일이다. 30대부터는 머리를 써서 이를 하나씩 개선해나간다. 그리고 40대는 지금까지 해오던 방식을 바꿔 개혁하며, 50대에는 하나의 경영에 임한다.

아직 현장의 일도 제대로 모르는 20대가 머리만 써서 큰일을 움직이려 하는 건 과한 욕심이다.

- '문제가 없다'는 생각이 문제다. 20대에 문제의식을 갖지 않으면 이후에는 도태만이 기다린다

젊은 시절의 나는 꿈도 비전도 없었기에 문제의식 또한 있을 리가 없었다. 장대한 비전을 가지면 그것을 이루는 과정에 장애가 되는 문제들이 눈에 보인다. 또한 고객 입장에서 생각하면 불평과 불만, 불편의 원인이 되는 문제들이 하나둘 드러난다. 반대로 꿈과 비전 없이 자기 입장에서만 생각하면 아무런 문제가 없어 보인다. 그래선 절대 발전할 수가 없다.

- 도망치는 버릇은 성공을 멀어지게 한다

지금의 자리가 힘들다고 다른 부서, 혹은 다른 회사로 옮긴다면

그곳에서도 100퍼센트 실패한다. '잘 안 되면 도망친다'는 나쁜 버릇이 생기기 때문이다. 지금의 일이 고생스럽더라도 직접 몸으로 부딪혀 문제를 해결해내는 노력과 경험이 중요하다.

어떤 곳에서든 10년 정도 머무르면 성장하는 것을 넘어서서 어느 순간, 자신을 완전히 바꿀 수 있다. 거꾸로 3년도 참지 못하면 어디 가서도 제대로 버틸 수 없다.

• 수치에 관한 능력은 20대에 반드시 익혀라

수학과 어학, 운동 능력은 20대에 가장 활발하다. 실제로 정점을 찍는 시기는 10대일지도 모른다. 30대에 접어들면 한 가지 사안을 기억하는 데 어릴 때보다 두 배 이상의 노력과 시간이 든다. 40대쯤 되면 어느 정도 마음을 비우는 편이 좋을 것이다. 그렇기에 젊을 때 반드시 길러둬야 할 것이 '수치를 사용해 일하는 습관'이다.

비즈니스에서 수치는 필수적이다. 상사와 매일 업무적으로 소통할 때는 반드시 수치를 이용하고, 거기에 문제는 없는지 점검하는 습관이 몸에 배게끔 하라. 타고나길 수치나 수학에 약한 사람도 예외가 아니다.

• 실패를 염려하지 말라. 젊은 시절의 실패는 당연한 것이다

최근에는 어느 회사든 마음의 병을 앓고 있는 직원들이 많다. 불필요한 근심 걱정을 하는 사람일수록 마음을 다치기가 쉽다. 어떤 사안에 뛰어들기도 전에 끙끙 앓아선 절대 앞으로 나아갈 수 없

다. 끝내고 나서 전전긍긍하는 것도 마찬가지다.

실패는 젊음의 특권이다. 아직 경험하지 않았기 때문에 실패할 수밖에 없는 것이다. 좌절과 실패 앞에서도 머뭇거리지 말고 계속 한걸음씩 발을 내디뎌라.

• 계획 없이 일하면 시간과 자원을 낭비하게 된다

'시간이 없다'고 입버릇처럼 말하는 사람들은 대부분 계획 없이 그때그때 되는 대로 일하는 경향이 강하다. 이런 사람들은 시간이든 자원이든 낭비가 많고 잠도 더 오래 자는 편이다.

계획 없이 뭔가를 하면 시간도 두세 배로 들게 된다. 그러므로 뭐든 계획을 세워서 해나가는 습관을 평소부터 몸에 익히자. 회사를 위해서가 아니라 자기 자신을 위해서다. 사람들은 이것을 '시스템'이라 부른다. 자기만의 시스템을 갖추고 당연하게 지켜나가는 노력이 중요하다.

• 목표를 세울 때는 세분화하고, 수치를 반드시 동반하라

경영자는 30년, 50년 단위의 장기 계획과 3년, 5년 단위의 경영 전략을 세운다. 직원은 그에 맞춰 자신의 업무 계획을 세우게 된다.

목표를 설정할 때는 큰 데서 작은 데로 밀도를 높여나가는 것이 기본이다. 먼저 연간 단위의 큰 목표, 분기(3개월)별 중간 목표, 그리고 주간 단위의 소목표, 여기에 오늘 하루의 목표까지 분명히 정하고 그 방향으로 차근차근 나아가라.

더불어 수치를 구체적으로 기입하는 것이 필요하다. 다소 지키기 힘든 수치 같아도 괜찮고, 계획대로 되지 않아도 좋다. 수정에 수정을 거치고, 만일 그 주에 달성할 수 없다면 다음 주에 달성하면 그만이다.

• 보고가 없다면 일을 끝내도 끝낸 게 아니다

상사에게 지시를 받으면 먼저 불평부터 하는 이들이 있다. 하지만 일단 주어진 일에는 최선을 다해야 한다. 그리고 그 과정과 결과를 상사에게 분명히 보고해야 한다.

업무는 보고로 시작해 보고로 끝난다. 지시 사항을 처리한 과정과 결과를 보고하지 않으면 일을 끝내도 끝낸 게 아니다. 상사의 기대에 부응하는 건 당연히 쉽지 않은 일이다. 그러나 현재 니토리의 사장인 시라이를 비롯해 수많은 경영자들이 모두 그 과정을 거쳐 현재의 자리까지 성장했음을 기억하라.

• 결점을 고치느니, 장점을 키우라

사람은 누구나 콤플렉스가 있다. 하지만 자신의 결점에 대해 크게 고민할 필요는 없다. 결점은 그저 내 수많은 특징 중 하나일 뿐이다. 그 단순한 사실을 인식하자. 그 결점을 뜯어고친다 해도 큰 변화는 일어나지 않는다.

결점보다 더 중요한 것은 바로 장점이다. 자신의 장점이 무엇인지 생각해보라. 장점은 일찍 발견할수록 좋다. 다만 그것은 여러 경험을 해봐야만 깨달을 수 있다. 결점은 돌아보지 말고 자기만이 가진 장점에 집중하자.

• 젊은 직원들은 현장의 경험을 통해 아기에서 어른으로 성장한다

'현장의 일'이란 언뜻 지루한 일들의 연속으로 보일 수 있다. 하지만 이는 막 태어난 아기가 어른으로 커나가는 과정에서 기초적인 골격이 형성되는 경험이기도 하다. 따라서 젊은 직원들은 반드시 현장에서 전력투구하여 성장의 기초를 다져야 한다.

20대에 현장에서 업무 방식을 몸에 익혀두면 30대가 되어서는 그것을 융통성 있게 개선할 수 있다. 나아가 40대가 되면 마치 용도에 따라 탈것을 갈아타듯, 그 방식이나 틀을 자유자재로 전환할 수 있다. 자신도 모르는 사이 그 과정 자체가 큰 즐거움이 될 것이다. 그리고 그 경험의 여정에서 어느 순간 놀랄 만한 성장을 체험하게 될 것이다.

• 사는 보람이 있어야 성공한 인생이 된다

'삶의 보람'은 '일하는 보람'과 다르다. 일하는 보람이 단기적인 것이라면, 사는 보람은 평생에 걸쳐 추구하고 열중할 대상이다. 사람은 매년 나이를 먹지만, 큰 뜻이 있으면 청춘을 지킬 수 있다. 나는 지금도 청춘이라고 생각한다. 아니, 그렇게 자부한다.

20대, 30대 때도 사는 재미가 있었지만 40, 50대가 되니 더 즐거웠다. 그리고 60대, 70대가 되어서도 특별한 기쁨을 느낀다. 이

제 80대를 맞이하는데, 모르긴 몰라도 인생의 즐거움만큼은 변함이 없을 거라고 믿는다.

이 책을 읽는 모든 젊음들이 큰 꿈을 가지고 인생에서 승리하길 기원한다.

마지막으로 한 번 더 이야기하고 싶다.

인생의 성공에서 결정적인 요소는 지적 능력도, 학벌도 아니다. 그 사람의 '마음가짐'에 모든 것이 달려 있다.

이 책에서 소개한 큰 뜻, 비전, 의지, 집념, 호기심 가운데 가장 중요한 것은 '사람을 위해, 이 세상을 위해 인생을 걸고 공헌한다'는 큰 뜻이다. 여기서부터 인생의 모든 것이 극적으로 변화하기 시작한다.

자신만을 향하는 좁은 시선과 생각을 바꾸는 것은 쉬운 일이 아니다. 마음속으로 수없이 결의하고 내가 사람을, 세상을 위해 무엇을 해야 하는지를 몇 년에 걸쳐 고민해야 한다. 그렇게 40세 정도가 지나면 자신에게 일어난 변화를 스스로 알게 된다. 만약 작은 변화라도 있다면 그것만으로도 당신의 인생은 크게 달라질 것이다.

한때 낙제생이었건 낙오자였던 전혀 상관없다. 내가 바로 살아 있는 증거다.

마음속에 큰 뜻을 품으면 무서울 게 없어진다. 그 시작이 50이든, 60이든 상관없다. 큰 뜻을 마음에 품고 구체적인 비전을 명확하게 가지면 의지와 집념, 호기심이 어느새 내 안에서 용솟음칠 것이다. 그 앞에는 지금껏 상상조차 할 수 없던 큰 성공이 당신을 기다리고 있을 것이다.

　모쪼록 많은 사람들, 아니, 단 한 명의 사람이라도 이 책을 읽고 마음속에 뜨거운 혁명을 일으켜 인생의 성공을 거머쥘 수 있길 기대한다.

옮긴이 **이수형**

미국 롱아일랜드대 MBA 과정을 졸업하고 일본 문부과학성의 리서치 펠로우십을
수료했다. 뉴욕 한국일보에 기명칼럼 〈뉴욕의 문화-예술 명소를 찾아서〉를 장기
연재했으며, 파나소닉 한국 법인에서 홍보-CSR, 기업철학 교육, 올림픽 마케팅 업무
등을 담당했다. 현재는 독립 출판 기획가(전문 번역가)로 활동하며, 새로운 콘텐츠를
독자들에게 소개하는 데서 큰 보람과 기쁨을 얻고 있다.
주요 저서로는 《셀러브리티의 시대》,《뉴욕의 특별한 미술관(공저)》 등이 있으며, 주요
역서로는 《엘론 머스크, 대담한 도전》,《구글의 철학》,《드러커의 마케팅 인사이트》,
《사업은 사람이 전부다》,《돈이 벌리는 조직》,《라쿠텐 스타일》 등이 있다.

NITORI SEIKOU NO 5 GENSOKU
Copyright © 2016 Akio NITORI, All rights reserved.
Original Japanese edition published in Japan by Asahi Shimbun Publications Inc., Japan.
Korean translation rights arranged with Asahi Shimbun Publications Inc., Japan
through Imprima Korea Agency.

거북이 CEO

초판 1쇄 발행 2017년 6월 26일

초판 2쇄 발행 2019년 1월 21일

지은이 니토리 아키오
펴낸이 정덕식 김재현
펴낸곳 주식회사 센시오

출판등록 2009년 10월 14일 제300-2009-126호
주소 서울 은평구 진흥로67 (역촌동, 5층)
전화 02-734-0981
팩스 02-333-0081
홈페이지 www.oceo.co.kr
메일 nagori2@gmail.com

디자인 Design IF

ISBN 978-89-97142-67-5

오씨이오(OCEO)는 CEO를 위한 책을 출간합니다.